発刊にあたって

JN085867

　開発途上国の社会や経済の発展のために、日本政府が行う政府開発援助（ＯＤＡ）には、主に「技術協力」「無償資金協力」「有償資金協力」の３つの手法があります。その中で、「有償資金協力」は、途上国に対して開発に必要な資金を有償で供与する協力です。資金の返済が重い負担にならないように、金利や償還期間などに緩やかな条件が付されています。

　有償資金協力には、開発事業の実施に必要な資金を当該国政府などに直接貸し付ける「円借款」と、日本や当該国の法人に対して開発事業の実施に必要な資金を融資・出資する「海外投融資」があり、いずれも独立行政法人国際協力機構（ＪＩＣＡ）が実施しています。

　本冊子は、月刊『国際開発ジャーナル』誌のカラーグラビア・コーナー、「プロジェクト・フォーカス」に掲載されたＯＤＡプロジェクトの紹介記事の中から、有償資金協力（円借款のみ）を抜き出して一冊に収録したものです。2019年３月に発行した『カラーグラビアで見る日本の無償資金協力』に続くシリーズです。2010年度〜2019年度に円借款のＬ／Ａ（円借款協定書）が締結された全案件を巻末に付してあります。

　『国際開発ジャーナル』誌の「プロジェクト・フォーカス」及び本冊子の作成に当たっては、ＪＩＣＡをはじめ開発コンサルタント、建設企業、商社、メーカーなど円借款事業の実施に携わる皆様に、情報や画像の提供などさまざまなご協力を頂きました。改めて感謝申し上げます。弊社は、今後も皆様と共に、ＯＤＡ事業のわかりやすい広報や情報公開の一端を担う所存です。

2020年８月

国際開発ジャーナル社

目　　次

24時間無休で続いたセグメントの架設（CP102）

Long span bridge 施工（CP102）

ジャカルタ郊外から中心部へと繋がる高架橋
（CP102）

チプテラヤ駅（CP102）

車両検査場と車両整備場（CP101）

地下鉄開業式典　市民の熱狂

限界に達した首都圏の交通渋滞を緩和する

インドネシア
ジャカルタ都市高速鉄道事業（Ⅰ）　 1/4

コンサルティング：施工管理
（株）オリエンタルコンサルタンツグローバル
日本コンサルタンツ（株）、パシフィックコンサルタンツ（株）

工区	施設内容		施工企業	所長
CP101	高架部：1.2km，高架駅：1駅プラットフォーム長130m，	車両基地：8.3ha	東急建設（株）	亀迺井 寿明氏
CP102	高架部：4.7km，高架駅：2駅プラットフォーム長130m			野村 泰由氏

プロジェクトの背景

　インドネシアのジャカルタ首都圏では、近年の急速な経済発展に伴い、世界最悪といわれるほどの交通渋滞が昼夜を問わず発生している。感覚としては、人口が同規模の東京に地下鉄がない、という状態に近い。首都圏で登録された全ての自動車とオートバイの占有面積が道路の総面積を超えているにもかかわらず、鉄道などの公共交通機関の整備が遅れているのがその主な原因である。

　このような状況を打開するために、首都中心部における大量高速輸送（MRT：Mass Rapid Transit）の必要性が1980年代から議論されていたが、種々の要因で実現しなかった。日本政府とインドネシア政府は、その間も調査と交渉を重ね、2006年に本「ジャカルタ都市高速鉄道（MRT）南北線建設事業」を日本の有償資金協力、本邦技術活用条件(STEP)で実施することに合意した。

　10年には本事業のフェーズ1の基本設計が完成し、その後の国際入札を経て、12年には受注企業が決定したが、地下や高架の土木工事、鉄道システム・軌道工事、車両製造に至るまで、すべてのパッケージを日本企業がプライムで受注した初のオールジャパン(とインドネシア企業)による海外鉄道プロジェクトとなった。また、路線の一部に地下トンネル部分が含まれており、インドネシアにおいては初めての地下鉄となった。オリエンタルコンサルタンツグローバルは、この事業に国際入札支援業務から施工監理まで参加しており、日本勢による初めての海外鉄道プロジェクトを成功に導くことができ関係各位には深く感謝している。
（続く→）

ブロックM駅の外観(CP103)

PERESMIAN PENGOPERASIAN
MODA RAYA TERPADU JAKARTA FASE 1
DAN
PENCANANGAN PEMBANGUNAN
MODA RAYA TERPADU JAKARTA FASE 2

CFD Bundaran HI, 24 Maret 2019

地下鉄開業式典 ジョコ・ウィドド大統領のスピーチ

アセアン駅(CP103)

移動式架設桁(CP103)

高架部分の橋脚の工事(CP103)

全てのパッケージを本邦企業が受注

インドネシア
ジャカルタ都市高速鉄道事業（Ⅰ）

コンサルティング：施工管理
（株）オリエンタルコンサルタンツグローバル
日本コンサルタンツ（株）、パシフィックコンサルタンツ（株）

工 区	施 設 内 容	施 工 企 業	所 長
CP103	高架部：3.9km、高架駅：4駅プラットフォーム長130m 受電所	（株）大林組・清水建設（株）	加藤 浩氏 中村 直人氏

プロジェクトの全体像

本事業のフェーズ1では、全長15.7kmの土木工事（全13駅）と鉄道システム、車両納入などが実施された。全体は8工区で構成されているが、本稿では主に土木工事と駅舎建設を行った6工区（CP101～CP106）を紹介している。各工区の施工内容は各ページの枠線内を参照されたい。

本プロジェクトでは施工企業が設計と施工を行い、コンサルタントはその設計の照査と施工監理を行う、いわゆるデザインビルド方式が採用された。土木事業は国際コンサルティング・エンジニア連盟（FIDIC）のイエローブックを、鉄道システムと車両に関してはFIDICのシルバーブックを参照して契約書が作成されている。

困難を極めた工期

地下工区は13年8月に、高架工区は13年11月に着工したが、地下部では地下駅の換気塔や冷却塔の用地の、高架部では車両基地や高架駅、バイアダクト(高架橋)の用地の取得が完了していないことが発覚した。また、水道や電気などの主要なUtility施設は工事開始までにそれぞれのオーナーが移設するという契約の前提条件も守られていなかった。

さらに、着工後に施工企業が詳細設計を開始したが、耐震基準の変更と鉄筋材料の使用制限により全土木事業者は大幅な設計変更を要求され、工事数量が約2倍になった工種も発生した。工事は非常に複雑になり、コンサルタントも施工企業もその対応に追われた。

同国では19年4月に大統領選挙を控えており、施主側は同年3月の竣工を大統領から厳命されて

工事が完了したトンネル部分（CP105）

ベンヒル駅（CP105）のプラットフォーム

スナヤン駅（CP104）に到達した
シールドマシンとジョコ・ウィドド大統領（中央）

シールドマシン発進セレモニー（CP104）で
ボタンを押す大統領

困難を乗り越えて工期内に竣工

インドネシア
ジャカルタ都市高速鉄道事業（Ⅰ）　

コンサルティング：施工管理
（株）オリエンタルコンサルタンツグローバル
日本コンサルタンツ（株）、パシフィックコンサルタンツ（株）

工 区	施 設 内 容	施 工 企 業	所 長
CP104	トンネル部：1.9km　地下駅：2駅プラットフォーム長130m	清水建設（株）・（株）大林組 →	大迫 一也氏
CP105	トンネル部：2.0km　地下駅：2駅プラットフォーム長130m		坂本 雅信氏

いた。しかし、用地取得の遅れにより工期が間に合わない懸念が出たため、ジャカルタ特別州政府に依頼して、14年11月から月例建設調整会議を開催し、用地取得とUtility移設のモニタリングを開始した。それにもかかわらず16年の8月の時点においても用地取得は完了しなかった。これ以上の遅れは許されないと判断し、コンサルタントの長としてジャカルタ特別州の知事に直訴した。

　知事は用地取得の遅延を知らず、報告をしなかった施主の経営陣を交代させて知事自ら住民と対話を行い、用地取得の解決に乗り出した。用地取得は徐々に進展し、大部分は18年3月に完了した（53カ月遅れ）。

　この時点で最大21カ月の工事の遅れが発生しており、工期を取り戻すために施工企業はアクセラレーション（工事促進の突貫態勢）を要求された。それに対応して各施工企業は労務・資器材の追加投入をすることにより13か月の工期短縮を行い、19年3月の竣工を実現させた。そして、4月の大統領選挙の直前に、MRT南北線は営業運転を開始したのである。選挙ではジョコ・ウィドド大統領が再選を果たしたが、同大統領が知事時代に計画した本事業（のフェーズ1）の完成が再選を後押しした形となった。

　一方においては、用地取得やUtility移設の遅れに加え、膨大な設計変更によって本事業のフェーズ1の各契約企業からは、原契約に対して多くのクレームが提起された。工事が極めて複雑になり、工期も大幅に短縮せざるを得なかったため、コンサルタントも施工企業も、工費の清算に向けて一部ではその後も対応を続けている。

（続く→）

シールドトンネルの貫通記念（CP106）

設備や内装が完了したブンデランハイ駅のコンコース（CP106）

設備や内装が完了したブンデランハイ駅のプラットホーム（CP106）

ブンデランハイ駅の渡り線部（CP106）

効率的な地下鉄網のさらなる拡充に向けて

インドネシア
ジャカルタ都市高速鉄道事業（Ⅰ）

 4/4

コンサルティング：施工管理
（株）オリエンタルコンサルタンツグローバル
日本コンサルタンツ（株）、パシフィックコンサルタンツ（株）

工 区	施 設 内 容	施工企業	所 長
CP106	トンネル部：2.0km，地下駅：2駅プラットフォーム長130m	三井住友建設（株）	花木 茂夫氏 諸田 元孝氏

本事業の効果と今後の展望

19年4月の開業以来、地下鉄南北線の乗客は順調に増加し、現在は1日に9万人以上が利用するまでになった。早朝の5時30分から深夜の12時まで運行し、ラッシュ時は5分間隔で乗客を運ぶ。

南北線の南端から北端まで車で行く場合、渋滞にあえば2時間以上かかることも珍しくない。それが地下鉄を利用すれば片道28分である。短時間で、時間通りに目的地に着く南北線の市民からの評判はうなぎのぼりである。また、

駅の周辺の駐車場の整備、バスや他の鉄道との乗り換えの容易さ、駅と周辺の建物（ショッピングセンターなど）との隣接化などによっても新路線は市民から高い評価を得ている。さらに、整列乗車や電車内の静謐さの維持など、南北線では乗車マナーが格段に向上していることも注目されている。

現在進行中の南北線の延伸工事（フェーズ2：約6km）が完了し、北端のブンデランハイ駅と既存鉄道のコタ駅が結ばれると、さらに交通渋滞の緩和と公共交通機関の利便性の向上に貢献できるように

なる。その後には、総延長87kmのMRT東西線（バララジャーチカラン間）の建設も計画されており、南北線のサリナ駅で交差することになる。これが実現すればジャカルタの都心部の移動の利便性向上はますます拍車がかかる。わが国の都市部における旅客の高速大量輸送の技術やノウハウがインドネシアでさらに活用されることを期待したい。

寄稿：（株）オリエンタルコンサルタンツグローバル　軌道交通技術第一部　次長　南條 大助
課長　西澤 健太郎

開通した地下鉄の利用客（シルケジ駅）

イェニカプ駅のコンコース

開通式のセレモニーを待つ
イスタンブール市民

沈埋函トンネルを海底に沈める

改札の向こうに1860年代の海峡横断鉄道の
草案が見える（ウスクダール駅）

日本の技術力で"トルコ150年の夢"を実現

**トルコ
ボスポラス海峡横断地下鉄整備事業**

コンサルティング：（株）オリエンタルコンサルタンツグローバル
日本コンサルタンツ（株）

　アジア大陸とヨーロッパ大陸を海峡横断地下鉄で結ぶ—。ボスポラス海峡の両岸に発達してきた大都市イスタンブールで、古くはオスマン帝国統治下の1860年代に遡る夢のような構想が、150年の時を経て日本の資金援助と技術力で実現した。

　本工事をもっとも難しくしたのは、様々な条件から、地盤を掘削する工法ではなく地上で建造した沈埋函を海底に沈める沈埋工法でトンネルを建設せざるを得なかったことである。海峡の複雑な潮流の中を、世界最深60mの海底に

わずかな誤差で巨大な構造物を設置していく世界的にも類が無い傑出した技術が要求された。工事を受注した大成建設はその要求に見事に応えた。

　この工事をさらに困難にしたのは様々な遺跡の出現である。イスタンブールは古くから東西通行の要衝であり、工事を進めるにつれて貴重な遺跡に多々遭遇した。プロジェクト全体のマネジメントを引き受けたオリエンタルコンサルタンツグローバルは専門家と協力してこのような遺跡の調査・発掘を粘り強く実施し、工事の停滞に

対するコントラクターからのクレームにも適切に対応した。本プロジェクトでは遺跡保存に対する功績も高く評価されている。

　ボスポラス海峡横断地下鉄はトルコ共和国建国90周年に当たる2013年10月29日に開通した。これによって、フェリーで約30分、2本の橋梁では交通渋滞で約1時間かかっていった海峡の横断時間が僅か4分になった。市民生活の利便性向上や同市の経済発展に大きく貢献している。開通式には両国首脳が列席し、本プロジェクトの歴史的意義が改めて確認された。

鋼橋No2の引渡式にてラマトフ・ウズベキスタン国鉄総裁がスピーチ。(後方右から)清水建設の大石所長、日本交通技術の木内プロジェクトマネジャー、在ウズベキスタン日本大使館外山一等書記官が参列

鋼橋No-3

鋼橋No-5

鋼橋No-4

引渡式にて、ウズベキスタンの伝統的なホルンを演奏するバンド

経済発展の要となる鉄道輸送網
その効率化へ向けて新線を建設

ウズベキスタン
タシグザール・クムクルガン鉄道
新線建設事業

コンサルティング：日本交通技術（株）
橋　梁　建　設：清水建設（株）、新日鐵エンジニアリング（株）（当時）
信号・通信システム調達：三井物産（株）
レ　ー　ル　調　達：三井物産（株）、丸紅（株）

　ウズベキスタンにおいて鉄道網は最も重要な輸送手段である。しかし、その建設は旧ソ連時代に遡り、現在の国境はまったく考慮されていないため、主要路線の幾つかは隣国を経由しなければ国内を連結できない。首都タシケントと南部のシュルハンダリヤ州、カシュカダリヤ州を結ぶ路線も、そうした路線の一つだ。

　この路線は、始点から終点までの間に隣国トルクメニスタンの国境を2度またがざるを得ず、通関手続きや機関車の付け替え作業のために遅延が日常化し、さらにト

ルクメニスタンに多額の通行料を徴収されていた。

　本事業では、同路線が国境を越えずに走行できるよう、タシグザール～クムクルガンの間、約220kmに新線を建設した。この新線には標高差1,180mの峠越えがあり、全体の3割弱が勾配10％以上であった。また、急カーブが新線の23％を占めるなど、線形は非常に難易度が高かった。さらに、事業の実施段階では、ロシア規格とJIS規格の不整合、原油価格の急騰といった事態が発生したほか、内陸国ゆえの資材輸送

の困難さ、発注者の無理な設計変更など様々な難局に直面した。それを乗り越えての完工であった。本案件は特別円借款で実施されており、曲線部のレールや鋼橋の資材は日本製が調達され、また、5つの橋梁も全て日本企業が施工にあたった。完工後には、この区間の施設の維持管理に関する技術協力も実施されている。

　この新線の完成によって、当該区間の輸送費が削減され、輸送距離と時間が短縮される。この輸送力の増強は今後の経済発展の礎となるものと期待されている。

INDONESIA

インドネシア初の地下鉄建設を支えた日本の高い技術力

インドネシア　ジャカルタ都市高速鉄道事業（MRT 南北線）

インドネシアの首都ジャカルタでは、近年の急速な経済成長により都市化が進む一方、それに対応した都市公共交通の整備が追いつかず、特に朝夕のラッシュ時に市内中心部では慢性的な交通渋滞に見舞われていた。こうした中、JICAは2001年にジャカルタ首都圏の都市交通マスタープランの策定支援を開始。また、2006年のインドネシア初の大量交通輸送インフラ（MRT：Mass Rapid Transit）の建設に向けたエンジニアリング・サービス借款の供与を皮切りに、日本の技術を活用したSTEP条件による円借款を2018年までの間に四期に渡り供与してきた。

南北約24kmに渡るMRT路線計画のうち、フェーズ1区間の約16kmは、2013年に着工後、2019年3月に華々しく開業を迎えたが、それを支えたのは日本の高い技術力だった。ジャカルタの軟弱地盤に対し、日本が得意とする泥土圧シールド工法を採用。また、日本の官民が策定した都市鉄道システムの標準仕様に基づいて設計された車両が導入されるなど、随所に日本の技術が散りばめられている。さらに、全ての契約パッケージを日本企業が筆頭となる共同企業体が受注し、先方の用地取得の遅れなどに対しても徹底した工程管理によって対応した。実施機関である

導入された車両（写真：鈴木勝）

MRTジャカルタ社の担当者からは、日本企業の高いプロ意識への称賛とともに、MRTが市民生活にもたらす今後の効果に高い期待が寄せられている。

国際協力機構
東南アジア・大洋州部
東南アジア第一課
阿部 将典

TURKEY

150年の夢を実現する難工事を日本企業が克服
建国90年の記念日に開通させる

トルコ　ボスポラス海峡横断地下鉄整備事業

"トルコ国民150年の夢"を実現したのが円借款で実施した「ボスポラス海峡横断地下鉄整備事業」である。トルコ最大の都市イスタンブールを二分するボスポラス海峡を地下トンネルで結ぶ構想は、18世紀半ばのオスマン帝国時代に提案されていたが、難工事が見込まれ、なかなか実現に至らなかった。

実際に、世界最深部での沈埋トンネルの敷設は"二階から目薬を指すほど難しい工事"（※1）となったが、大成建設とオリエンタルコンサルタンツグローバルの両者のご活躍もあり、日本の技術力の高さでこの難工事を乗り越えた。

2013年10月、トルコ建国90周年記念の日に海峡横断地下鉄が開通し、19年3月には既存線の修復工事が終わり、全線開通に至った。同時に首都アンカラ行きの高速鉄道にも接続したことで利便性がさらに向上し、地下鉄の一日当たりの輸送人員は、現在、開業当時の7倍、40万人以上になっている。混雑時の運行や、地震に備えた安全対策など、地下鉄の運営維持管理体制の構築にあたっては、国土交通省や日本の鉄道会社の協力を得てJICAが実施した研修の成果も活かされている。

昨年はトルコ向け政府開発援助が開始されて60年という節目の年で

地下鉄の駅の様子

あった（※2）。日本の技術力の結集とも言えるこの事業が、トルコと日本の友好の象徴として、今後もイスタンブール市の発展に貢献することを願っている。

※1：https://youtu.be/MmJs_IwOEN0
「鷹の爪団の 行け！ODAマン」
※2：https://youtu.be/OghdSECggmE

国際協力機構
中東・欧州部　欧州課
竹林 陽子

大型土運搬船へ積まれる浚渫土砂

ラックフェン航路管理者への引渡会議

防砂提コンクリートセルラーブロック
中詰石の均し作業

コンクリートブロック制作ヤード

全長7.6kmに及ぶ防砂堤工事状況

防波堤工事におけるテトラポッド据付

日本の総力を集めた日越初の官民連携事業

ベトナム
ラックフェン国際港
建設事業（港湾）

コンサルティング：日本工営（株）、（株）日本港湾コンサルタント、
PORTCOAST CONSULTANT CORPORATION、
Nippon Koei Vietnam International Co., Ltd.

ベトナムからの打診

　ベトナム北部最大の港湾都市ハイフォン市。その中でも貿易の玄関口を担うハイフォン港では、これまでも円借款事業によって土砂流入による航路埋没の改善などを支援してきた。しかし、同国の著しい経済成長に伴って、貨物需要の大幅な増加が見込まれていた。これを受けて、ベトナム国運輸省では北部地域初となる大水深港の建設が検討され、複数候補地から最終的にハイフォン港沖合のラックフェン地区が選定された。

　このラックフェン国際港開発に対して、ベトナム側から日本による継続支援の可能性について問い合わせを受け、幾つかのアイデアの中から、日系企業による港湾運営事業の権利取得を視野に、国際協力機構（JICA）による準備調査（2010年）、連携DD（詳細設計、2011-2013年）が実施された。

日本の技術を活用

　この「ラックフェン国際港建設事業」は、日越両国における戦略的パートナーシップの下、JICAの円借款を活用した日越間で初と

なる官民連携事業だ。具体的には、連絡橋・アクセス道路建設事業（P22-P23参照）と、ここで紹介する港湾関連インフラ事業への支援を円借款で行ってきた。

　港湾建設においては、上下分離方式によって官民で工事の分担が行われた。官側（下部）では、コンテナターミナル用地を対象とした「埋立・地盤改良工事」、コンテナ船10万DWT（載貨重量トン数）級の船舶受け入れを可能とする「航路浚渫工事」、「防波堤・防砂堤工事」が実施された。これらの工事では本邦技術活用条件

ハイフォン・インターナショナル・コンテナターミナル の全景

梅田邦夫大使現場訪問（2017年9月2日）

全工事パッケージ合同安全協議会による作業船安全検査

防波堤工事の完成試験

日越友好のプロジェクトモニュメント

法政大学国際政治学科学生による現場視察

埋立・地盤改良工事：五洋建設(株)、東亜建設工業(株)
防波堤・防砂堤工事：東亜建設工業(株)
航路浚渫工事（Ⅰ）：東洋建設(株)
航路浚渫工事（Ⅱ）：五洋建設(株)、りんかい日産建設(株)

（STEP）が適用され、①深層混合処理工法による地盤改良、②鋼管矢板護岸、③航路浚渫では日本の大型浚渫船などが採用された。

一方、民間側（上部）では、ベトナム、日本（商船三井、伊藤忠商事）、台湾の日越台による合弁会社「ハイフォン・インターナショナル・コンテナターミナル（HICT）」により桟橋やコンテナヤード、上屋などの建設と荷役クレーンの調達が行われた。これらにも岸壁用ガントリークレーン、コンテナヤード用トランスファークレーン（環境配慮型）などの本邦技術が採用されている。

安全対策にも注力

今回の建設工事では、海上作業が多く、特に一般船舶と工事用作業船の海上衝突事故が懸念された。ピーク時では、官側だけでも1日あたり200隻を超える海上作業船が狭い海域を輻輳するような状況だ。そこで、安全対策には十分注意を払いながら工事を進めてきた。例えば、施工業者に対しては、海上工事の安全に関する越国法令と規則に従い、海上作業安全対策が義務付けられていた。また、各施工業者による作業船運航管理においては、航路運用上の安全航行を担う港湾局、航路を管理する越国海上安全局などと情報交換を行い、全ての工事パッケージによる「合同安全協議会」や民間側を含めた「連絡調整会議」を通じた海上作業の安全管理が行われた。

これらを経て、同港は2018年5月13日に運用が開始された。ラックフェン港の継続開発とベトナムの益々の発展を期待したい。

※参照P22-23

寄稿
日本工営(株)
ラックフェン港インフラ整備事業施工監理開発事務所
所長　水谷　聖

埋立工事

鋼管杭打設工

完成したコンテナターミナル全景

上部工（コンクリート打設）

PVD工事

管理棟

東アフリカの経済発展の拠点港を
日本の優れた技術で整備

東アフリカの経済発展の要

　ケニア第二の都市であるモンバサは、インド洋に面した水深の深い入り江があり、東アフリカでは数少ない良港を有している。そのため、古くから貿易の拠点として栄えてきた。そして現在も、ケニア唯一の国際港として輸出入の拠点であるとともに、ウガンダ、ルワンダ、ブルンジなど周辺の内陸国が貨物を輸出入する上でも欠かすことができない重要な物流インフラとなっている。

　しかし、近年のケニアと周辺国の著しい経済発展によって、モンバサ港には、その取扱能力を超える貨物が集まるようになった。そのため、荷降ろしを待つ船が長期間海上で待機を余儀なくされ、コンテナヤードでコンテナが1カ月も滞留するといった事態が発生している。さらに、コンテナを運ぶトラックによって周辺道路も激しい渋滞が起きている。

　本事業は、モンバサ港の既存のコンテナターミナルの隣に新しいコンテナターミナルを建設することによって、このような状況を改善し、東アフリカ地域の貿易促進と経済発展に寄与することを目的に計画された。

軟弱地盤に挑戦するSTEP案件

　新コンテナターミナルの建設予定地は地盤が軟弱で、その対処に高度な技術が必要だった。そのため、本事業は本邦技術活用条件（STEP）が適用され、日本港湾コンサルタントが設計・施工監理を、東洋建設が港湾施設の施工を担当した。このフェーズ1の工事は2012年3月に始まった。

　まず埋立工事によって、35ヘクタールのコンテナターミナル用地が造成され、「PVD工法」により軟弱土の中の水分を排出し、現地盤の安定化が図られた。

インターロッキングブロック設置工

マングローブ植樹

引き渡し式。施主からは高い評価を受けた

技術移転（溶接作業）

定期的に実施された安全大会

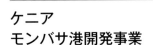
日本製ガントリークレーン

| ケニア
モンバサ港開発事業 | コンサルティング：（株）日本港湾コンサルタント
施　設　建　設：東洋建設（株） |

　コンテナバースの基礎工事では、輸入された長さ約50mの鋼管杭が正確な位置にセットされ、固い支持地盤に到達するまで打ち込まれた。その数は数百本に及ぶ。また、コンテナヤードには約1,000万個のインターロッキングブロックが敷設されているが、コンクリートやブロックの圧縮強度試験や曲げ試験は毎日実施され、厳しい品質管理が行われた。

　工事は、日本人やケニア人、フィリピン人などがタッグを組む国際色豊かなチームによって実施され、最盛期には2,000人を超える作業員が現場で汗を流した。日本の施工技術を現地に移転するため、日々の作業の中では工程管理や測量、溶接、重機の操作などについてケニア人の技術者や作業員に指導する場面も多く見られた。

　埋め立てが行われた水際には、自生するマングローブが点在していた。これらは埋め立て時に伐採せざるを得なかったが、環境保全の観点から、その後伐採した本数の30倍以上の苗木が別の場所に植林された。その作業には、東洋建設の社員も参加した。

インフラ建設への支援は続く

　フェーズ1は、2018年2月に完工を迎えた。これによってモンバサ港の貨物取扱能力は55万TEU（1TEU＝20フィートコンテナ1個分）向上し、全体で約130万TEUに達した。

　しかし、加速するこの地域の経済発展により、モンバサ港に集積する貨物は2018年中にこの量を超え、2025年には260万TEUにまで倍増すると見込まれている。このため、さらにコンテナターミナルを拡張するフェーズ2についても、日本が資金援助を行なうことが決まった。東アフリカの経済発展を支えるインフラ建設の支援が、これからも続く。

第2ターミナル工事エリア全景

第2ターミナル本館全面

第2ターミナルカーブサイド

エアサイド外観

到着手荷物受取所

経済発展に伴う旅客増大に対応するために
ターミナルビルを新築し、最新機器を整備する

航空旅客需要の急拡大

　経済発展著しいベトナムでは、近年旅客需要が急速に拡大している。南北に長い国土であるが故に都市間移動における航空交通の役割が非常に大きく、空港整備が喫緊の課題となっている。北部の首都ハノイと、国内最大都市である南部のホーチミンシティの間は同国内の航空路線としては最大の需要区間であり、2018年の実績では年間旅客数約690万人(世界第6位)、運航便数約4万回(日平均107便)に達している。

　ハノイ・ノイバイ国際空港では、これまで1つのターミナル(現・第1ターミナル)で国内・国際両方の旅客を取り扱っていたが、首都の玄関口でありながら館内は手狭で、物販・飲食施設も少なく、航空機に直接接続する搭乗橋の数も限られるなど、快適性・利便性の確保が課題となっていた。

STEP事業として旅客ビルを整備

　増大する需要への対応のため国内・国際線の取り扱いを分離するべく、2008年より当時の北部空港会社(NAC)の発注により国際線旅客ビルの設計に着手。その後、本事業は円借款による建設が決ま

り、2012年に着工した。

　円借款事業には、旅客ターミナル・特殊設備機器・駐車場・接続高架道路・汚水処理施設・航空機燃料供給施設などが含まれ、施工は大成建設・ビナコネックスJVが担当。STEP適用案件であり、各所に先進技術が導入された。34か月の工期を経て第2ターミナルは2014年12月に完成・供用開始を迎え、翌2015年1月に開業式典が挙行された。

　完成した第2ターミナルは、地上4階・地下1階建、延床面積139,387㎡で、チェックインカウンター96台、セキュリティ・チェッ

第2ターミナル本館夜景

接続高架道路

汚水処理施設

チェックインロビー

ベトナム
ノイバイ国際空港第2旅客ターミナルビル建設事業

コンサルティング：(株)日本空港コンサルタンツ
施設建設：大成建設(株)・ビナコネックスJV

ク8か所、出入国審査ブース各44台、搭乗口14カ所、搭乗橋28機、バスゲート3カ所などを備え、すべての預入手荷物を検査するX線検査装置や自動搬送・振り分けを行うバゲージ・ハンドリング・システム(BHS)、地下配管を経由した燃料ハイドラント設備なども同時に整備された。

航空需要の伸長はさらに続く

　第2ターミナルの完成後、国際線全便が第1ターミナルから移管され、現在まで大きな運用上のトラブルなく多くの旅客に利用されている。2012年に483万人だった国際線の旅客数は2018年には1,008万人を記録し、年平均の増加率は18%に達している。昨今のLCC(格安航空会社)の爆発的な発展やベトナム国内の経済発展も影響し、航空需要の伸長はこれからも継続するとみられている。

　第2ターミナルは、開業5年後(2020年)に年間旅客が1,000万人に達するという需要予測の基で施設設計を行い、将来的に年間1,500万人まで対応可能な拡張計画をあらかじめ策定し、短期間で施設の拡張ができるよう配慮されている。しかし2018年には予測よりも2年前倒して年間1,000万人を突破したため、ベトナム空港会社(ACV)では予備計画に従い施設拡張のための準備を進めている。

　本事業は、首都ハノイの空港施設の近代化と旅客サービスの改善を果たしたという点においてベトナム国内でも高く評価されており、また、同時開業したニャッタン橋(日越友好橋)建設事業、ノイバイ国際空港—ニャッタン橋間連絡道路建設事業と合わせて「ハノイ市国際ゲートウェイ整備3事業」として、2015年に第11回JICA理事長表彰が授与された。

寄稿
(株)日本空港コンサルタンツ
国際業務本部
プロジェクト・アドミニストレータ
木戸秋 剛

旅客ターミナルビル外観（冬季）

世界標準の国際空港を建設し、運営する
ー航空輸送の安全性向上と予想される需要増への対応ー

離着陸に制約のある現空港

　モンゴルの首都ウランバートルにある現空港は、南側と東側が山に囲まれており、離着陸は北西側の一方向のみで行われている。このため、風向きなどによって離着陸が制限され、就航率は低い状態にある。このような地理的制約を取り払い、安全性・信頼性を向上させ、増大する航空需要に対応するため、ウランバートル市中心部の南方約50kmの地に新たな首都空港を円借款により建設することになった。

本プロジェクトの特徴

1. 旅客ターミナルビルのユニバーサルデザイン

　旅客ターミナルビルは2階を出発階、1階を到着階とし、あらゆる旅客の移動負担が最小限となるユニバーサルデザインのコンセプトを追求した。また、車椅子利用者や視覚・聴覚が不自由な方などに配慮して段差を解消し、案内設備も適切に配置している。

2. CO_2削減への取組み

　零下30度以下になる厳冬期を考慮してターミナルビルの外装材

を選定し、また、トップライトの採用によって自然光を内部に取り入れるなど、CO_2削減に向けて暖房や照明の使用電力をできるだけ減らしている。さらに、全熱交換機や自動制御装置によりエネルギー使用の効率化を図っている。

3. ライフサイクルコスト縮減への取組み

　旅客ターミナルビルはまた、メンテナンスフリーを目標としている。清掃コストの縮減や、CO_2センサーを利用した空調システムのエネルギーコストの削減など、ライフサイクルコストの圧縮に取り

運営事業者契約締結セレモニー

運営事業者 契約締結セレモニー

新ウランバートル国際空港

5km

旅客ターミナルビル内観
（2階チェックインロビーと1階到着ロビー）

完成した航空機格納庫

モンゴル新空港 管制塔

【プロジェクトの主な概要】

滑走路	3,600m×45m
旅客ターミナルビル	35,300㎡（3階建）
管制塔	高さ：38m
格納庫	13,100㎡
その他	航空機燃料供給施設、空港暖房供給施設など
駐機スポット	19（固定6、オープン13）
年間取扱旅客数	200万人

モンゴル 新ウランバートル国際空港建設事業

コンサルティング：（株）梓設計
（株）オリエンタルコンサルタンツグローバル JV
施 設 建 設：三菱商事（株）、千代田化工建設（株）JV

組んでいる。

4.先進技術やノウハウの導入

建築物の保全に必要な情報管理を行うビルディングマネジメントシステムを採用し、施設の総合的・統括的な管理を可能にした。また、手荷物検査システムや手荷物コンベアシステムには、効率的で安全な検査が可能な技術を導入している。これらは世界標準に対応した技術やノウハウである。

5.寒冷地での土木設計への配慮

モンゴルでは、寒暖の差が激しく、道路や空港の滑走路がアスファルト舗装の場合、冬季に粒状

の路盤中の水分が凍って膨張し、アスファルト層を押し上げるためクラックが発生する。数年でアスファルト舗装がクラックだらけになることが多い。これを避けるため新空港では、多少コストは高くなるものの、自重の大きいコンクリート舗装を必須とした。

プロジェクトの効果

本プロジェクトは、就航率が低い現空港の問題点を改善し、将来の航空需要にも対応することで、首都空港としての機能を高め、人の円滑な流動を促し、モンゴル経

済の持続的発展に大きく寄与することが期待されている。

今後の運営事業として、日本企業連合4社※（51%）はモンゴル国政府（49%）と共同出資で設立した事業会社を通じて、新空港の運営に15年間参画する。職員の訓練や機器の細やかな調整を経て、新ウランバートル国際空港は2020年中の供用開始が予定されている。

※三菱商事（株）、成田国際空港（株）、日本空港ビルデング（株）、（株）JALUX

寄稿
（株）梓設計
常務執行役員 原口 修

新イロイロ空港全景

安全性と機能を大幅に向上させたターミナルビル管制塔庁舎全景

X線検査装置も6台に拡充

近代的なパブリック・コンコース

航空サービスの安全性を高め
増大する旅客・貨物需要に対応

フィリピン
新イロイロ空港開発事業

コンサルティング：（株）日本空港コンサルタンツ、他JV
施　設　建　設：大成建設（株）・清水建設（株）JV

　航空輸送の優位性は「スピード」、「定時性」、そして乗客の「快適性」にあり、その整備は経済発展の有力な条件の一つである。とくに7,000以上の島々からなるフィリピンでは、経済成長に伴い、旅客・貨物の両面で航空輸送の重要性は高まっており、同国政府は国内13の地域に国際標準に合致した空港を1カ所ずつ整備することを計画、国内旅客数の多い空港から順次、整備を行っている。特別円借款事業として整備された新イロイロ空港もその一つである。

　既存のイロイロ空港は、フィリピン中部のパナイ島に位置する幹線空港で、乗降旅客数（年間69万人／1997年）では国内4番目であった。輸送量の年間成長率は、旅客で8.3%（1991〜98年平均）、貨物で4.7%（同）の伸びとなっており、今後の輸送需要の伸長に対応するには、空港機能の強化・向上が大きな課題になっていた。しかし、市街地に隣接する既存空港の拡張はきわめて困難であった。

　新空港が建設・整備されたのはイロイロ市の中心部から北西20kmに位置するカバトゥアンの水田地帯。滑走路は総延長2,500

mに拡張され、ターミナル施設についても延床面積で13,700㎡（既存空港は2,200㎡）、チェックインカウンター10（同7）、X線検査機6（同2）など、増大する一方の旅客・貨物需要に対応するとともに、航空サービスの安全性を一段と向上させる施設となっている。開港後、3年が経過した2010年の事後評価では、乗降旅客数は157万人／年まで伸び、またパナイ島をはじめ周辺地域の持続的な経済・社会の発展に大きく貢献しているとして、本事業は高く評価された。

紅河に架かるニャッタン橋

ハノイの発展とともに、工事も進められた

カンチレバー工法で進められた架設工事

地上約30メートルでの作業

首都の発展支える美しい斜張橋

ベトナム
ニャッタン橋（日越友好橋）建設事業

コンサルティング：（株）長大／大日本コンサルタント（株）
施　設　建　設：（株）IHIインフラシステム／
　　　　　　　　　三井住友建設（株）

　ベトナムの首都ハノイの遷都1000周年を記念して建設されたニャッタン橋は、紅河によって分断された同市北部に位置するノイバイ国際空港と市の中心部をつなぐ橋梁の一つだ。一連の橋梁に6つの支間を有する世界的にも珍しい6径間連続鋼桁の斜張橋であり、橋長は3,080メートル、主塔の高さは最大111メートルと東南アジアの中で最大級の規模を誇る。

　さらに、同市にある世界遺産のタンロン遺跡には5つの門が建っていたが、それにちなんで建設されたA字型の5つの主塔の基礎に

は、日本で開発された鋼管矢板基礎工法が採用されており、ハノイの歴史と日越友好のシンボルとして定着している。

　この斜張橋建設工事は、船舶の交通に配慮するなどさまざまな条件の下での短工期の建設工事となったため、建設経験の少ないベトナムでは非常に難易度の高い工事となった。用地の取得が遅れたことにより、3年を予定していた工期が5年に伸びたが、IHIインフラシステムの松野憲司プロジェクトマネージャーは、「いいものをつくりたいという信念の下、事

故を起こすことなく質の高い工事を進め、伸びた工期を4カ月短縮することができた」と語る。こうした努力によってニャッタン橋は2015年1月に開通。交通渋滞が深刻化していた空港から市内への所要時間は約20分短縮された。

　ニャッタン橋の施工技術とデザイン、またベトナムの経済及び社会への貢献は高く評価されており、土木学会平成26年度田中賞（作品部門）や2015年度日本鋼構造協会（JSSC）協会賞、第11回JICA理事長賞など多数の賞を受賞している。

世界的にも最大級となる支間長60mのスパンバイスパン架設

完成したラックフェン橋

ショートラインマッチキャストによるセグメント製作

完成したアクセス道路

新国際港にアクセスする道路・橋梁を
日本の優れた技術で建設

初の本格的PPP事業

　ラックフェン国際港の建設は、日本が支援する初の本格的な官民パートナーシップ（PPP）事業だ。埋め立て、浚渫、防波堤建設、アクセス道路・橋梁整備などは円借款で実施し、コンテナヤードやターミナルの整備・運営は企業（日本企業とベトナム海運公社の共同企業体）が行う。ここでは、三井住友建設と現地企業が建設を行ったアクセス道路・橋梁整備事業を紹介したい。

　本事業はラックフェン新国際港とハノイ～ハイフォン間に新設される高速道路(新5号線)を結ぶも

ので、海上に架かる5.4kmの橋梁、軟弱地盤上の10.2kmの道路を3年の工期で建設するという難事業だった。

日本の最新技術への期待

　本事業は本邦技術活用条件（STEP）が適用された案件である。工期を短縮するため、橋梁の上部工にはベトナムで初めてとなるPC箱桁橋プレキャストセグメントを世界的にも最大級となる支間長60mに適用するスパンバイスパン架設工法を採用。さらに、基礎にはベトナムで初めてとなるネガティブフリクション対策鋼管

杭、ベトナムで2例目となる鋼管矢板基礎など、日本ならではの高度な技術が活用された。

　鋼管矢板基礎と鋼管杭の施工業者に関しては、シンガポールから大型重機械船とともに調達。また、コンクリート工や場所打ち杭の施工については、これまで長期的な関係を築いてきた現地のサブコントラクターを選定した。他方、工事の要となるコンクリートについては自前の調達となるため、コンクリートを製造する3基のコンクリートバッチングプラントを敷地内に建設した。

　建設に携わった三井住友建設

先行して構築するハーフプレキャスト構造の支点セグメント

ジオチューブと呼ばれるチューブ型の袋詰め材料を用いた海上部の護岸

景観性に優れるV型橋脚を有した主橋の張出し架設

ベトナムで2例目となる鋼管矢板基礎の海上施工

周りは水ばかりの軟弱地盤上の盛土施工

ベトナム
ラックフェン国際港建設事業（道路・橋梁）

施工管理：（株）オリエンタルコンサルタンツグローバル、
　　　　　（株）日本構造橋梁研究所、日本工営（株）
施設建設：三井住友建設（株）ベトナム企業２社とのJV

は、日本人技術者20名を中心に合計1,000人の施工体制を組んだ。工種ごとに編成されたチームには、海外経験が豊富な日本人リーダーのもとにベトナム人のチーフエンジニアを配置した。これにより各チーム内のコミュニケーションが円滑になり、多くの作業員が日本の建設技術を身につけ、また、各チーフエンジニアは日本人リーダーと一体になって現場を仕切る中で、技術力のみならず組織マネジメントも習得した。

このように両国のエンジニアが協力して工事が推進され、4.43kmの海上架設をわずか13カ月で完成させた。2017年9月2日、ベトナム独立記念日に、ラックフェン橋とアクセス道路は栄えある開通式を迎えた。式典にはフック首相やギア交通運輸大臣、日本の梅田大使など両国の要人が参列した。

悲願の国際港の完成

ベトナムは1990年代以降、順調に経済成長を続け、2010年までに低中所得国の仲間入りを果たした。その経済成長に大きく貢献したのが、同国北部の工業地帯に集積する外国企業だ。そして、これらの外国企業の物流を支えてきたのが、日本が円借款で改修や拡張を行ったハイフォン港やカイラン港である。

しかし近年、両港とも貨物の取り扱い能力は限界に達していた。両港のコンテナ貨物の取扱可能量は合計で4,000万トン／年。これに対し、北部のコンテナ貨物量は15年に4,200万トンに達しており、2020年には5,900万トンに増加すると見込まれている。両港のさらなる拡張は地形的にも社会的にも難しいことから、ハイフォン港の先に大水深の海港を新設することは、同国の悲願だった。本事業による道路・橋梁の完成に続き、ラックフェン国際港も2018年5月に開港したことによって、この夢は、今、現実のものになっている。

※参照P12-13

南側から望むトンネル入り口

盛大に実施された開通式

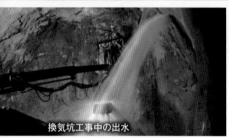
換気坑工事中の出水

メイントンネルのジェットファン

トンネル北側のアプローチ道路と橋梁

東西回廊の一環となる最重要幹線に 東南アジア最長のトンネルを建設

ベトナム
ハイヴァントンネル建設計画

| コンサルティング：日本工営（株） |
| 施 設 建 設：（株）間組 |

　ベトナムの国道1号線は国を南北に縦貫する南北間物流の幹線であり、中部地域においては東西回廊計画の一環を成す最重要道路である。一方、同路線のハイヴァン峠区間（全長約22km）は、道幅も狭く、勾配がきつい上に急カーブが多かった。また、雨期には落石や路肩の崩落が多発し、国道1号線の中でも最も危険な区間であった。同区間の通過には貨物車両で1時間以上を要し、円滑な物流や中部地域の開発にとって大きな障害となっていた。

　本事業は、このハイヴァン峠区間において道路交通の安全を確保し物流の効率化を実現するため、全長約6.3kmの道路トンネル（対向2車線）およびアプローチ道路・橋梁を建設したものである。23基のジェットファン、3本の電気集塵用トンネル、1本の換気用斜坑を備えた、縦流式換気システムが適用されている。現在東南アジアで最も長い道路トンネルである。

　2000年10月1日にトンネル土木工事が開始され、トンネル坑口部の軟弱地盤区間の存在、換気用斜坑の出水と技術的課題が連続したが、2003年10月末にトンネル本坑が開通した。ベトナムでは初めてのNATM工法が導入され、

また、工期短縮のために土木工事・電気工事・機械工事が坑内で輻輳するという厳しい条件にもかかわらず、工事関係者の努力により工期内にすべての工事が完了した。ベトナムで初めての長大道路トンネルであるため、厳しいトンネル防災訓練の審査を受けた後、2005年6月5日に開通した。

　ハイヴァン峠では、毎年多くの人命が失われていた「トンネル以前」に比べて、「トンネル以後」は人命のロスは皆無であり、毎年増加する大型長距離トラックの峠越えの時間も、「以前」の1時間から10数分に短縮されている。

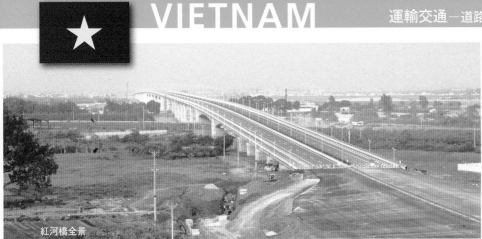

紅河橋全景

盛大に行われた開通式

上部工工事

紅河の川面から完成した紅河橋を見上げる

下部工工事

ベトナム最大の橋梁を「共に作り上げる」

ベトナム
紅河橋建設事業（Ⅰ）、（Ⅱ）

コンサルティング：(株)オリエンタルコンサルタンツ
グローバル
施 設 建 設：(株)大林組／三井住友建設(株)ＪＶ

　急速なモータリゼーションに伴い、ベトナムの首都ハノイ市の交通渋滞は深刻な国家的課題となっていた。紅河橋はその対策の一環として建設された。

　本事業の実施以前、ハノイ市を二分する紅河に架かる道路橋は2橋しかなく、ここに7本の放射道路が集中していた。また、ハイフォン港経由の中部ベトナムへの貨物はすべてハノイ市内を通過していた。紅河橋はこれらの車両を市内から迂回させることにより、以前は両岸を結ぶのに1時間近く要していたものを僅か3〜4分で済むように短縮した。

　紅河橋の建設は、2002年11月に開始された。橋梁規模は、橋梁全長3,084m、幅員33.1mで将来計画の6車線化にも対応できる。ベトナム最大規模の橋梁建設であり、施工時には予期せぬ様々な技術的問題が発生した。

　最大の問題は場所打ちコンクリート杭であったが、増し杭やその他の対策工で解決がなされた。その後発生したコンクリートの強度不足やＰＣストランドのすべりなど多くの問題も、品質と工程に影響を与えることなく技術的に処理された。2005年2月の時点で大幅に遅れていた工程を再構築

し、逆に当初の工期より約1カ月早く工事を完成させている。

　本工事には多くの特殊技術が適用されたが、ほとんどがベトナムで初めて採用された工法であった。日本側の主導で工事が進められたが、地元の工事関係者も常に「自分たちの橋を共に作り上げる」という姿勢で事業を推進した。工事期間中に日越の多数の政府高官や議員が現場を訪れたが、これは本事業に対する両国の関心の高さを示すものであった。2007年2月2日、紅河橋の開通式は日越両国の多くの要人が列席して盛大に開催された。※参照P26-27

横桁工

脚頭部の支保工型枠

国道1号線上の箱桁（延長約50m）

完成した工区全景

急速な経済成長を遂げる首都の基幹道路を整備
日本企業の高度な技術力で予定通りに竣工

最重要幹線を高架化

ハノイ市の「環状3号線」は全長76kmの、極めて重要な機能を持つ幹線道路である。ハノイ空港と都心を結ぶほかに、都心から四方に伸びる幹線道路を連結している。当時未整備であった、この環状3号線の南の部分約13.5kmの道路を、拡張・舗装・高架化するというのがこの事業の主眼である。市内を縦断する紅河を環状3号線が渡河する地点に橋長3,000m強の紅河橋が本事業のパッケージⅠおよびⅡで建設された（本誌25ページ参照）。2007年に完成した紅河橋は、現在では日越友好のシンボルとなっている。

本事業は全体で6つのパッケージに分けられた。今回紹介するパッケージⅢAのプロジェクトでは工事延長2.5kmの道路を、拡幅した上で、144本の橋脚などで道路そのものをすべて高架化した。ランプ橋229m、側道2,091mの建設工事も含まれている。

直面する困難を克服しながら

施工段階ではさまざまな課題に直面しました、と現地の工事責任者であった三井住友建設㈱の執行役員（当時）、田原一光氏は話す。

そのうち、1.土地収用の遅れ、2.国道1号線と国有鉄道の直上での施工、3.工期厳守のための急速施工の実施、の3点にだけ簡単に触れておきたい。

1.用地取得と障害物撤去の遅れはベトナムで工事を行う際の最大の問題点であるという。本案件でも、工事開始の時点で工区に53軒の民家が存在していた。担当者を決め、人民委員会などの関係部署に日参し、民家の住民と友好関係を維持しながら工事を進めた。これらが功を奏して、13カ月後に全民家の移転が完了した。異例の速さに現地の関係者は驚いていた。

施工中全景

箱桁の交通規制

速く、美しくを安全に！
SUMITOMO MITSUI CONSTRUCTION CO.,LTD.

SPEED, BEAUTY WITH SAFETY
SUMITOMO MITSUI CONSTRUCTION CO.,LTD.

現場に貼り出されたスローガン

ベトナム 紅河橋建設事業（III）、（IV）	コンサルティング：(株)オリエンタルコンサルタンツ 　　　　　　　　　　グローバル 施　設　建　設：三井住友建設(株)

　2. 国道1号線と国有鉄道をまたぐ部分の高架道路（箱桁：延長約50m）の建設は、落下物が絶対に許されないことや障害物が多数埋設されていたことから、困難を極めた難工事になった。落下物を防ぐため大きな防護壁を設置し、その壁面にJV名と「富士と桜」「ホアン・キエム湖と蓮」という両国を代表する図柄を掲示し（写真参照）、通行車両へ安全を喚起したため、各方面から好評を博し、工事は無事に完了した。

　3. このパッケージでは、施主から2010年10月1日に始まるハノイ市「遷都千年祭」までに工事を終えるよう強く要請されていた。そのため、工事用進入路の拡張、作業ヤードの変更、工法の変更、人員の増強、作業時間の延長、など様々な方法で工程を短縮する急速施工を実施した。その際、事故を防止するために日本人の安全責任者を1年間常駐させ、また、「Speed, Beauty with Safety」のスローガンを現場に張り出し（写真参照）、作業の安全確保と共に、施工速度の向上と現場の整理整頓を全員に周知徹底させた。

日越友好に大きな足跡

　このような努力が実を結び、遷都千年祭の前日に工事は無事完了した。田原氏は、「毎日のように地元職員へ叱咤激励の教育を行い、かつ協力業者、施主、コンサルが渾然一体となっての努力の成果で、工期が達成できた」という。

　同社の急速施工は、現地のテレビ、ラジオ、新聞、雑誌などで報道され、多くの関係者が現場の見学に訪れた。同氏はまた、「ODAは資金融資のハード面だけでなく、日本の高度な建設技術と管理手法をODA供与国に我々建設会社が示して、その監理精神を伝えるべきものと考える」とも述べている。

※参照P25

ラオス側の国境管理施設（赤い屋根）

第2メコン国際橋全景

「東西回廊」の連結でメコン流域の物流を促進
インドシナ経済圏の実現に向け、大きく前進

「インドシナ経済圏」の実現

　タイ東北部とラオスを結ぶ「第2メコン国際橋」が2006年12月20日に開通した。これにより、ベトナム・ラオス・タイ・ミャンマー4カ国を跨ぐ、いわゆる「東西回廊」が始動、海路で2週間程度を要したバンコク〜ハノイ間が陸路で3日間程度に短縮されるなど、インドシナの物流網整備に果たすインパクトはきわめて大きい。

　順調に経済成長を遂げ、日系企業も多数進出しているタイ、ベトナム間の関係強化はもちろん、低成長にとどまるラオス、カンボジアなど周辺諸国への波及効果にも期待が高まっており、いよいよ「インドシナ経済圏」の実現に向け、大きく前進していくことになる。

2国間に跨る国際案件

　第2メコン国際橋は、タイ東北部のムクダハンとラオスのサバナケットを結ぶ、円借款事業としては初の国際プロジェクト。借款額はタイ側40億7,900万円、ラオス側40億1,100万円。国際広域案件

として、所得水準の高いタイ側に対してもラオスと同じ条件が優遇的に適用（本体：金利1.0%、償還期間30年。コンサルタント：金利0.75%、償還期間40年）されており、日本政府として戦略的に重視した事業であったといえよう。

　コンサルティングはオリエンタルコンサルタンツと日本工営、AEC（タイ）、CDRI（ラオス）の共同企業体、また橋梁建設工事では三井住友建設がその技術力を如何なく発揮した。

　ただ、工事には国際案件ならで

夜間照明に浮かぶ第2メコン国際橋

竣工式における工事関係者

橋梁中央部の橋面

竣工式で橋を渡る
シリントン・タイ国王女（右から二人目）

タイ／ラオス
第2メコン国際橋架橋事業

コンサルティング：（株）オリエンタルコンサルタンツグローバル
　　　　　　　　　日本工営（株）ほか
施　設　建　設：三井住友建設（株）、タイ国企業3社 JV

はの難しさも伴ったようだ。プロジェクト・マネージャーを務めたオリエンタルコンサルタンツ国際事業部（当時）の武田安敏氏によれば「工事のスムースな共同実施と国境管理を確保するため、建設機械や資材、さらに両国関係者らが自由に行き来できる"特別工事区域"を設定した。そのうえで資材などの通関や関係者の入国管理方法など時限的なルール作り、相互調整にかなり苦労した」とふり返る。そこで培われた経験とノウハウは、日本国の貴重な「経験」として引き継がれ、今後の類似案件などに効果

的に活かされていくべきであろう。

保健衛生プログラムも実施

　また、本事業では建設労働者と周辺地域住民らを対象に、建設事業に伴うリスク回避の観点からHIV／エイズに対する知識の普及を含めた予防対策、カウンセリングにもとづく検査・治療などエイズ対策プログラムが継続的に行われ、インフラ事業における新しい試みとして注目された。両国の地域保健局や建設事業を推進した日本企業、さらに現地NGOの協力もここに記しておきたい。

エイズ対策の啓蒙活動が実施された

主要スコープ

橋梁部分：PCセイルタイプ連続箱桁橋
橋　　長：約1,600m／2車線
ラオス側アクセス道路：1,864m／2車線
タイ側アクセス道路：520m／4車線
その他、国境管理施設など。

ピナツボ山の火山灰（ラハール）を活用した
道路盛土工事の模様。
パッケージⅠでは1.7百万㎥、同Ⅱでは
3.0百万㎥のラハールが有効活用された

高速道路上にかかるポーラック橋の架設工事

グマイン橋の架設工事

ラハールを使った路盤工事の様子

首都圏にもっとも近いディナルピアン・インターチェンジ。
パッケージⅠで建設された

物流を活発化し、中部ルソンの地域経済・社会開発に貢献

積年の課題を解決する

　特別円借款プロジェクトの一つとして実施されていた本事業は、2008年7月に竣工し、スービック〜クラーク〜タルラック間を結ぶ往復4車線、総延長約93kmの高速道路が開通した。

　低い舗装率による基幹道路網の機能不全については、フィリピン国全体の問題として長らく指摘されてきた。高速道路に関してもマニラ首都圏を中心に南北に伸びるルソン高速道路が一部整備されているだけで、きわめて不十分な状態にあった。今回の高速道路建設はその道路インフラの隘路の解消につながるものであり、北部ルソンから、農産物などの集散地として機能する中部ルソンへの物流をさらに活性化し、地域の経済・社会開発を強力に促進していくことになろう。

　また、1992年の米海軍および空軍撤退後に創設された「スービック湾自由貿易港・特別経済区」と「クラーク特別経済区」には日本企業も進出しており、その地域の経済活動を側面から活性化させていくことにも期待が高まっている。ちなみに、高速道路の完成により、スービックからマニラまでの所要時間は約1時間30分短縮されるところとなり、首都圏へのアクセス向上効果も見逃せない。

火山灰（ラハール）の活用

　本事業は2工区に分かれ、パッケージⅠはスービック〜クラーク間50.4km、パッケージⅡはクラーク〜タルラック間43.3km。全てを日本企業が受注し、施工した。

　本事業において技術的に大きなテーマとなり、プロジェクトそのものを特徴づけているのはピナツ

整備されたクラーク北インターチェンジの様子

2008年3月18日のソフトオープニングには
アロヨ大統領（前列左）と桂大使も列席した

パッシグポトレロ橋。全長は720m

2008年4月28日に開催された開通式

フィリピン 中部ルソン高速道路 建設事業	施設 建設	コンサルティング：(株)オリエンタルコンサルタンツグローバル、日本工営(株)、(株)片平エンジニアリング・インターナショナル
		パッケージⅠ：鹿島建設(株)、(株)大林組、JFEエンジニアリング(株) 三菱重工業(株) JV
		パッケージⅡ：(株)間組、大成建設(株)、新日本製鐵(株) JV

ボ山の火山灰（ラハール）を有効利用したことである。「盛土材としてラハールを効果的に活用し、併せて中部ルソンの地域開発に役立ていくというアイディアこそが、本プロジェクトを推進する"起爆剤"になった」、と話すのはPM（プロジェクト・マネージャー）を務めた当時のパシフィックコンサルタンツインターナショナル（元オリエンタルコンサルタンツグローバル）の永田恒見氏。

ピナツボ山が噴火したのは1991年。この時発生したラハールは1兆m³に達したと推計されている。永田氏によると、このラハールは雨期（6月〜10月）の間も非常に使い易く、その使用により工期短縮につなげることができたという。また、ラハールにセメントを配合し強度を高め、路盤材として活用することでコスト削減も図られた。実際に高速道路の盛土材として使われたラハールは、パッケージⅠ、同Ⅱ合わせて約500万m³。東京ドームにして5個分強に相当する。

追加借款適用の"第一号"案件

本事業の工期は36カ月。これだけの大規模工事を3年弱で仕上げたことに対し、現地関係者の間では日本企業の仕事ぶりを評価する声が改めて高まっており、タイドローン効果を見ることができる。

工事期間中、関係者が直面した問題は、資材の国際価格が急騰し、一時、資金ショート状態に置かれたことだ。こうしたエスカレーションに対応するため、日本政府と国際協力銀行（現国際協力機構）は初めて追加借款の実施を決定した。その意味で、本プロジェクトは円借款の新しい局面を切り開いたともいえる。

本邦企業の海外事業展開と密接に絡んだ案件で同様の問題が生じた場合には、今後とも追加借款の弾力的な運用を期待したい。

工事風景

夜間照明に浮かぶ橋面

輸送の大動脈となった第二マグサイサイ橋

ミンダナオ島の発展に向けて
新橋とバイパス道路を建設

経済開発に不可欠な道路整備

フィリピンでは道路網は最大の輸送手段であり、旅客輸送においても、貨物輸送においても重要な役割を道路網が担っている。本事業の対象地ミンダナオ島は、同国の中でも経済水準が低く、貧困緩和の面からも道路網整備による地域開発が強く求められていた。

同島北東部のブトゥアン〜カガヤンデオロ〜イリガン道路は、島内および近隣地域との物流に極めて重要な役割を果たしており、島内の経済社会開発の根幹を担っている。他方、同島北東部の中心都市であるブトゥアン市の中心部を流れるアグサン川に架かる橋梁は1957年に建設されたもので、交通量が多く渋滞が激しいこともあって老朽化が進んでおり、抜本的な対策が求められてきた。

そのような状況を背景に、2000年8月に始まった本事業では、ブトゥアン〜カガヤンデオロ〜イリガン道路上にアグサン川を渡る新しい橋として「第二マグサイサイ橋」と、同橋を通るバイパス道路を建設した。既存の橋梁は通行規制により15t以上の車両が通行できなかったため、代替ルートとしてバイパス道路を確保する必要があったのである。第二マグサイサイ橋は同国では初めての「鋼斜張橋」であり、橋梁延長は往復2車線で360m、アプローチ橋は鋼製鈑桁で橋長548mである。バイパス道路は同じく往復2車線で総延長9,430m。東は日比友好道路につながる幹線道路に、西はブトゥアン空港に連結している。

ブトゥアン市内の自動車登録台数は、2001年の1万213台から11年には2万1,720台と2倍以上に増えている。本事業は2007年

地域のランドマークとなる美しいデザイン

渡河手段のなかった地点に新橋を建設

フィリピン
第二マグサイサイ橋・バイパス道路建設事業

コンサルティング：(株)片平エンジニアリング・
インターナショナル、
(株)綜合技術コンサルタントほか

5月にバイパス道路が完成後、補修・補強を実施した既存橋と併せて交通の効率的な渋滞緩和に大きく寄与している。

度重なる設計変更

詳細設計時は北京オリンピック前で、鋼材需給が逼迫した状況にあった。工事費についてはF/S時に決定しており、極力、予算内で抑えることがフィリピン政府より求められた。その設計対策案として両サイドのアプローチ橋の1スパンの削減、軟弱地盤対策工の変更などを実施して工事費の高騰に対応した。また工事においては、

フィリピンでの鋼管矢板基礎の初施工、耐候性鋼材の大型橋梁案件への初採用、高強度コンクリート（$45N/mm^2$）での製作など、日本の持つ高い技術力をいかんなく投入した。こうして数々の困難を乗り越え、本事業は予定より1カ月遅れはしたが無事、完成に漕ぎつけた。

通行所要時間が大幅に減少

事業完成から6年後、本事業に対して外部評価が実施された。交通量は計画値の8割程度に達しており、既存橋周辺やブトゥアン市内ではバイパス道路ができたこと

で渋滞が軽減され、通行所要時間も大幅に減ったことが確認されている。地元住民や運送業者を対象としたアンケート調査でも満足度は極めて高かった。

フィリピン政府は「カラガ地域（ミンダナオ島北東部地方）開発計画（2011-16）」の中で、優先すべき事業として既存の運輸インフラの維持管理・リハビリを挙げている。日本からは、その後「ミンダナオ紛争影響地域道路ネットワーク整備事業（2019年度、円借款202.04百万ドル）など、この地域の道路整備に継続的な支援が続けられている。

Navatkuli橋

Mandaikallar橋

Arippu橋

橋桁の施工
（Mandaikallar橋）

取付道路の路盤整備（Cheddikulam橋）

橋桁のコンクリート打設（Arippu橋）

取付道路の舗装工事（Arippu橋）

内戦で破壊された輸送ネットワークを
日本の技術で再建する

幹線国道上の主要橋梁を架け替える本邦技術活用条件（STEP）プロジェクト

残された主要橋梁の整備

　スリランカ国内では、旅客・貨物輸送の９割を道路輸送が担っており、堅調な経済成長を背景として輸送量は増え続けてきた。

　一方、2009年まで続いた紛争の影響もあり、老朽化した道路インフラの建て替え・補修はまだ道半ばである。スリランカ全国の国道上には、主なものだけで約2,000本の橋梁があり、そのうち実に３分の１以上は、建設から100年以上が経過している。しかし、同国内に十分な技術がないことや、国

際機関などの支援が小規模橋梁の整備に限られていたことから、橋長30m以上の主要橋梁の整備は後回しにされていた。一部の橋梁では、幅員や重量制限の関係で大型トラックが通行することができず、円滑な道路輸送を阻む大きな要因となっていた。

　本事業「国道主要橋梁建設事業」は案件名が示すように取り残されていた国道上の主要橋梁を架け替えたものである。総事業費は約161億円。そのうち円借款で約124億円を賄った。本邦技術活用条件（STEP）が適用されている。

日本の技術やノウハウを生かす

　本事業では、それぞれの現場の詳細な調査に基づき、工費節減、耐久性、維持管理の容易さなどを重視して、橋の構造や工法が採用されている。

　例えば、塩害対策として橋梁をコンクリート橋とし、さらに防水塗装を施して耐久性を高めた。鋼橋が経済的と判断された橋梁に対しては耐候性鋼材を使用し、コスト削減と維持管理性の向上を実現させた。大きな反力が生じる橋梁の支承には、日本製のゴム支承が

Kaithadi橋

Pali Aru橋

橋脚建設中の
Marichchukkaddi橋

植樹祭で
取り付け道路の
脇に植樹をする一
（Marichchukkaddi橋）

植樹祭にJICA、コンサルタント、施工企業が
参加した（Marichchukkaddi橋）

建設中のPali aru橋

スリランカ
国道主要橋梁建設事業

コンサルティング：（株）オリエンタルコンサルタンツグローバル
施　設　建　設：（株）安藤・間

採用されている。加えて、これまで同国では施工例が少ない曲線橋にすることで、橋の両側にある既設道路との擦り付け区間を短くしたケースもある。その結果、用地買収や住民移転の範囲を減らして同国側の負担を少なくしたほか、工事費の削減も実現できた。

様々な困難を乗り越えて

本事業の工区は４つのパッケージに分けられ、パッケージ２では、スリランカ北部に位置する８つの橋梁（別表参照）が建設された。工事現場は資機材の集積拠点となる最大都市コロンボから300～380kmも離れており、運搬には車で７～８時間を要する。全８橋で採用されたプレテン桁の製作工場２箇所も現場から遠く、夜間に190～250kmの距離を輸送しなければならなかった。

さらに、同国北部では土砂や砕石、砂の調達・運搬についての規制が厳しく、あらかじめ申請を行っても許可に時間がかかって搬入がなかなかできないなど、資機材の輸送は苦労の連続だった。洪水の発生や近接した別の工事の影響で作業が長期間滞ることもあった。

このような困難に直面しながらも、工事は粛々と進められ、2018年10月に８橋全てが完成した。これによって、内戦で最も疲弊した同国北部においても安全で効率的な陸上輸送が実現し、経済発展にさらに拍車がかかるものと大きな期待が寄せられている。

パッケージ２の８橋梁

No.	橋梁名	幅員(m)	橋長(m)	上部工形式
11	Kaithadi	14	76	PCプレテン桁
12	Navatkuli	14	76	PCプレテン桁
13	Cheddikulam	13	38	PCプレテン桁
14	Mandaikallar	10.4	95	PCプレテン桁
15	Pali Aru	10.4	76	PCプレテン桁
16	Aru-Kuli	10.4	57	PCプレテン桁
17	Arippu	10.4	76	PCプレテン桁
18	Marichchukkaddi	10.4	95	PCプレテン桁

完成したカチプール橋（397m）

完成したメグナ橋（930m）

IHIベトナム工場での
鋼桁製作

鋼細幅箱桁 現場地組（メグナ橋）

手延べ桁と送り出し装置（メグナ橋）

送り出し架設（メグナ橋）

アクシデントを乗り越え工期前倒しで開通
本邦技術で課題を解決し経済大動脈の渋滞を解消

改修を迫られた3橋梁

近年高い水準で経済成長を続けるバングラデシュにおいて、国道1号線は首都ダッカと同国最大の国際貿易港であるチッタゴン港を結ぶ唯一の路線であり、経済活動の大動脈である。過去、日本はこの大動脈の整備のため、メグナ橋（1991年）とグムティ橋（1995年）の建設を無償資金協力で支援した。経済成長に伴い、同国政府は自国予算で国道1号線を4車線化したが、メグナ橋、グムティ橋は2車線であるため、橋梁の袂で車線が減少し、渋滞が発生する交通のボトルネックとなっていた。

また、同じく国道1号線上にあるカチプール橋は1977年に世銀の資金で建設され、その後アクセス道路部は自国予算にて8車線に拡幅されたものの、橋梁部は4車線のままで老朽化もしており、こちらも早期の拡幅と補修が切望されていた。

この状況に鑑み、同国はこの3橋梁の新橋建設による拡幅と既設橋の耐震補強を含む補修を決定し、日本に円借款の協力を要請した。JICAによるFSを経て、2013年に円借款L／A締結。16年1月から工事が開始され、18年1月にはカチプール橋が、19年5月にメグナ橋とグムティ橋が開通した。

20年1月に既設橋の補修を含む工事全体が完了した。

本プロジェクトの主な課題は以下の諸点であった。

①用地や道路線形上、既存橋梁に近接して新橋を建設すること。
②既設橋梁を保護・補修し、活用すること。
③工期を厳守し、かつ高品質を確保すること。

日本の技術による対応

これらの課題は、本邦技術を活用して、以下のように解決された。
①橋梁基礎工に、鋼管矢板井筒基礎を採用し、既存橋の基礎を包含することで、下部工・基礎工

完成したグムティ橋（1410m）

メグナ・グムティ開通式（2019年5月25日）でのハシナ首相（左）とカデール大臣（中央）

完工式（2020年2月9日）における伊藤大使（左3人目）、カデール大臣（中央）、平田JICA所長（左2人目）

施行中のメグナ橋全景

鋼管矢板井筒基礎　鋼管打設（メグナ橋）

鋼管矢板井筒基礎　頂版コンクリート打設（メグナ橋）

鋼管矢板井筒基礎　桁下鋼管圧入（メグナ橋）

バングラデシュ カチプール・メグナ・グムティ第2橋梁建設および既存橋改修事業	コンサルティング：（株）オリエンタルコンサルタンツグローバル、（株）日本構造橋梁研究所、（株）片平エンジニアリング・インターナショナル、大日本コンサルタント（株）、SMEC International PTY.LTD 施設建設：（株）大林組、清水建設（株）、JFEエンジニアリング（株）、（株）IHIインフラシステム

の近接施工の問題を解決し、かつ既存橋基礎を保護した。

②上部工に、鋼細幅箱桁／合成床版を採用し、上部工反力を軽減。さらに送り出し架設工法の採用で既設橋から80cmの離隔で施工することにより、基礎工のサイズを縮小し、施工期間短縮および工費節減を図った。

③鋼管矢板、鋼細幅箱桁は工場製作を行うことで品質を確保し、現場での作業を低減し、施行中の天候の影響を押さえた。

さらに施工時には以下のような課題も克服して完工に至った。

①既設橋桁下での鋼管の打設は、圧入工法を採用し、またクレーンのブーム先端に特殊冶具を使用し限られた桁下空間を最大限利用した。

②洗堀防止対策として既設橋建設後に投入された玉石の撤去および既設橋施工時に残置された資材の撤去には、水中3次元スキャナーによる探査と全旋回オールケーシング機を使用した。

③上部工の架設は、橋長が長いメグナ橋とグムティ橋においては、両岸からの送り出し、中央併合により架設した。

困難を乗り越えて

2016年7月に日本人も犠牲になる襲撃テロがダッカで発生し、安全対策拡充のために一時工事中断を余儀なくされたが、日・バ両国政府やJICAの支援、工事関係者の努力により、契約工期よりも早く開通することができた。

開通後、国道1号線当該区間の渋滞は、まるで別世界のように解消され、通行時間が約1時間半も短縮された。本プロジェクトが今後のバングラデシュの発展に大きく寄与することを確信している。

（株）オリエンタルコンサルタンツグローバル
道路交通事業部　技師長
チームリーダー　　　吉原　俊治

工事風景

開通した「ナイル川源流橋」

両側から閉合した橋桁

閉合直前の橋梁の俯瞰

開通式でテープカットを行う
ムセベニ大統領（右）と佐藤副大臣（左）。
後方に亀田大使と深瀬JICA所長

アフリカ「北部回廊」のボトルネックを解消し
地域経済を活性化する斜張橋を建設

物流の要となる橋梁の老朽化

　ケニアのモンバサ港からウガンダ南部を横断し、ルワンダ、ブルンジ、コンゴ民主共和国まで通じる「北部回廊」は、東アフリカと中央アフリカをつなぐ最重要の物流ルートだ。モンバサ港で積み替えられるケニア国外へのトランジット貨物の8割弱はウガンダ向けであり、その中にはウガンダを通過して周辺国へ輸送される貨物も多い。このため北部回廊は陸上物流の要となっている。

　しかし、この幹線道路では、ナイル川を横断するウガンダ・ジンジャ県のナルバレ橋が老朽化し、交通のボトルネックとなっていた。もともと水力発電用のダムに併設される形で1954年に建設されたナルバレ橋は、幅が7mと狭く、交通量の増加に対応できなくなっていた。この状況に鑑み、ウガンダ政府は2008年に策定した運輸交通マスタープランで、2023年までに北部回廊の道路を優先的に改善すると謳っていた。

　一方、日本政府も、インフラ整備を通した「経済成長の実現」を同国に対する開発協力の方針として

いたため、同国政府の要請とその後の調査を経て、本事業に対する有償資金協力のL／Aが2010年及び2018年に調印された。

地域最大級で120年耐用の斜張橋

　本事業で建設された「ナイル川源流橋」は、ナイル川の源流であるビクトリア湖から2.5km下流（ナルバレ橋の750m上流）に位置する。施工に当たったのは、錢高組を中心とした国際共同企業体だ。設計・施工監理はオリエンタルコンサルタンツグローバルを主とした日本のコンサルティング企

開通式の渡り初めに集った地域の人々

開通式に集った日本側関係者

開通式で
イルミネーションが点灯された

世界15カ国のスタッフが工事に携った

ウガンダ
ナイル架橋建設事業

コンサルティング：（株）オリエンタルコンサルタンツグローバル
（株）エイト日本技術開発
施 設 建 設：（株）錢高組

業が当たった。

　新橋は橋長約525mの3径間連続斜張橋。鉄筋コンクリート製の2本の主塔から左右に18本ずつ太いケーブルを伸ばし、同じく鉄筋コンクリート製の橋桁を支えている。主塔は水面からの高さ約80m、逆Y字形が美しい景観をなす。橋長は東アフリカ地域最大級であり、日本企業が施工した世界の斜張橋と比べても、バイチャイ橋（ベトナム）、ネアックルン橋（＝つばさ橋、カンボジア）に次いで3番目に長い。幅員は23〜25mで左右4車線が確保され、両側には幅2mの歩道も付いている。

この橋の目標耐用年数は長期の120年と設定され、そのための種々の工夫も凝らされている。

アフリカの更なるインフラ整備に向けて

　建設事業は2014年4月から始まり、両岸から建設が進められた。従業員の約9割は現地で採用され、地元の雇用に貢献するとともに、ウガンダの建築・土木関係者への技術移転も重視された。4年後の2018年4月、中央で橋桁が閉合。その後、ケーブルの張力調整や道路舗装を経て、同年10月、ナイル川源流橋は開通を迎えた。

　開通式には、ウガンダのムセベニ大統領、亀田和明駐ウガンダ大使、佐藤正久外務副大臣（当時）、深瀬豊・JICAウガンダ事務所長などの要人をはじめ、約3,000人が参列し、夜には橋のイルミネーションが点灯された。

　ムセベニ大統領が日本政府をはじめとする関係者に感謝の意を表明したのに対し、佐藤副大臣は同橋の完成によってウガンダだけでなく近隣諸国の経済発展へも寄与できる旨の祝意を述べた。本事業が有償資金協力による東アフリカのインフラ整備の嚆矢となることを期待したい。

新橋（上）を建設し、旧橋（下）を補強

新設の道路を大型トラックが行く

新たに建設された道路の完成時の光景

幹線道路の整備を長期にわたり支援
基幹産業の農業を支える

長年にわたる友好と支援

　南米大陸の中央部に位置するパラグアイは、地球の反対側にありながら日本とは縁が深く、1万人を超える日本人移住者とその子孫が暮らしている。こうした日系移民は主に農業で同国の発展に大きく貢献してきたことから、現地では日本と日本人に高い評価と信頼が寄せられている。

　同国は農業を基幹産業としており、2018年現在、大豆の生産量で世界第6位を記録している。一方で、同国経済は農作物の生産状況と国際価格に大きく左右される脆弱性があるほか、農村地域を中心に貧富の差が大きく、経済・社会インフラの整備も進んでいない。国際協力機構（JICA）は40年以上にわたり、貧困層の生計向上やインフラ拡充といった支援を続けており、19年11月には同国政府からその貢献を認められ、JICAの北岡伸一理事長に国家功労賞（大十字勲章）が授与された。

1,000km近い道路を整備

　パラグアイでは1980年代の10年間に自動車台数が4倍、貿易量は3倍に増加した。だが、この間に物資輸送の中心インフラである道路網は整備が進まず、同国経済を支える農産物の生産や輸出の深刻な足枷となっていた。このような状況下、海外経済協力基金（OECF：現JICA）は「道路整備事業（I）」（1990年7月L／A調印、96年完了）に約97億円の円借款を供与した。これによって、約360kmの道路が再舗装された。

　しかし、この時点においても、同国の道路の総延長5万9,000kmのうち、舗装されている区間は全体の5％にも及ばなかった。主要

再舗装された道路

無償資金協力による橋梁の橋名板「平和橋」

無償資金協力によって建設された橋梁

パラグアイ
道路整備事業

コンサルティング：セントラルコンサルタント（株）

な幹線国道でさえ全体の12％しか舗装されておらず、主要産業である農畜産物の輸送にも時間がかかり、コストの上昇を招いていた。輸送の中心インフラである道路の整備は農産物輸出の円滑化や農村地域の収入の安定化の面からも不可欠だった。

　一方、同国政府と国際協力事業団（JICAの前身）はこれと並行して「輸送システム開発のためのマスタープラン」を92年に策定した。これ以降はこのマスタープランによって同国の道路網整備が進められており、「道路整備事業（Ⅰ）」完了後の98年に、それに続く円借款事業「道路整備事業（Ⅱ）」（約194億円）が調印された。

　このプロジェクト（Ⅱ）では、主に首都アスンシオンへとつながる東部中央地区の幹線道路（総延長約617km）の整備を行った。首都と直結する国道1号線と東部地域の国道8号線を結ぶ総延長121.1kmの地方道路の修復と、総延長496kmの国道5路線において、道路の劣化部分を再舗装し、国道1号線に架かる既存橋梁を拡幅した。

農業部門への多面的支援

　このほか、同国には無償資金協力による橋梁建設や道路建設機材の供与も実施されている。このような道路整備事業により交通の円滑化が進んだことで、農産物の輸出や主要消費地への輸送も活性化した。

　さらに本事業と併せて、同国の小規模農家のために給水施設等を整備したり、現地の金融機関を通じて設備投資資金をツーステップローンで供与したりする「農業部門強化事業（Ⅱ）」（1998年L／A調印、約155億円）も行われている。これらの日本の支援は、同国の農業の発展と農家の収入向上に大きな貢献を果たしている。

北東からDランプを望む

複雑な立体交差の建設

防音壁（日本製）はインドネシアでは初の試み

国内最大の貿易港の貨物流通を円滑にする

インドネシア
タンジュンプリオク港
アクセス道路建設事業（Ⅱ）

コンサルティング：（株）片平エンジニアリング・インターナショナル
施　設　建　設：（株）大林組

　ジャカルタ特別州北部にあるタンジュンプリオク港は、インドネシア最大の貿易港であり、周辺国にとっても重要な国際流通拠点である。しかし、港へのアクセス道路はコンテナや貨物を輸送する大型車両で慢性的に渋滞し、雨季にはさらに路面冠水による通行悪化が深刻化していた。インドネシア国内の輸送時間や輸送コストの増大は港湾の国際競争力の低下が懸念される事態に陥っていた。

　このような状況を改善するため、周辺地域では高速道路の整備が進められてきた。本事業もその

一環である。本事業は、港の出入り口と外環道（高速道路）を結ぶ道路を、高架化及び立体交差化するプロジェクトで、本邦技術活用条件（STEP）が適用されている。本事業は2つのフェーズに分けられているが、そのうちフェーズⅡは全4工区に分割されており、片平エンジニアリング・インターナショナルはそのうちの3工区の設計・施工監理を担当している。ここに紹介するのは、最大規模のE-2A工区である。

　この工区の周辺は交通量が非常に多く、渋滞が頻発する既存の道

路と工事現場が近接し、工事中は通行規制を頻繁に行う必要があった。また、新設する道路の幅員は最大で50メートルもあり、一部では三層に立体交差する複雑な構造で、慎重な施工順序の検討が要請された。さらに、用地取得の遅れや建設作業員の不足、長い雨季による洪水被害など、幾多の困難を乗り越えて完成を迎えた。

　本事業は、2017年4月に全工区が完成した。タンジュンプリオク港への貨物のアクセスは格段に向上し、インドネシアの国内外の貨物流通に大きく寄与するものとなっている。

2017年1月号掲載

BANGLADESH

経済成長を支える国家の大動脈に3橋を建設し 旅客と物流のボトルネックを解消

JICA COLUMN

カラーグラビア
P36

バングラデシュ　カチプール・メグナ・グムティ第2橋建設及び既存橋改修事業

完成したメグナ橋の上で

バングラデシュというと貧困や自然災害の印象が強い方もいると思われるが、近年豊富な若い労働力と縫製業などの産業の発展により、年率8%程度の高い成長を遂げている。経済成長に伴い交通量も大きく伸びており、成長の加速化のためには主要幹線の道路ネットワークの強化が必要である。多くの河川が道路ネットワークを分断しているこの国には橋梁建設のニーズが膨大にあり、これまでも日本は多くの橋梁事業を支援してきた。

本事業は日本企業の合弁企業体により2016年1月に着工され、当初予定よりも4か月早い19年12月に完工した。この国の2大都市であるダッカとチッタゴンを結び、この国の大動脈である国道1号線に架かる3橋は、これまで旅客・物流のボトルネックとなっていたが、事業完成により同区間の所要時間は約1.5時間短縮され、旅客・物流の効率化に大きく貢献している。また、本事業は、鋼管矢板井筒工法や細幅箱桁工法の適用、日本品質の工事安全対策の実施等、日本の技術やノウハウが活かされている。加えて、建設開始当初に発生したダッカ襲撃テロ事件による事業の中断にも関わらず、工事関係者の奮闘により工期内に完成した点も現地で高い評価を受けている。

JICAバングラデシュ事務所のフェイスブックページで道路利用者の声を集めた事業紹介VTRを公開中なので、是非ご覧頂きたい。

https://www.facebook.com/JicaBangladesh

国際協力機構
バングラデシュ事務所
豊田　雅朝

UZBEKISTAN

日本の高効率のガスタービンの技術で 発電所の低炭素化を推進

JICA COLUMN

カラーグラビア
P50

ウズベキスタン　ナボイ火力発電所近代化事業

ナボイ火力発電所2号機の建屋

中央アジアのウズベキスタンは、豊富な天然資源を有し、国内電源の75%を天然ガスに依存している。しかし、旧ソ連時代に整備されたガス火力発電設備は、老朽化が進んでエネルギーの変換効率が悪く、温室効果ガス排出による環境への影響が課題である。そこで低炭素化と電力の安定供給の両立に向けて、発電所設備の近代化が進められている。

中部のナボイ火力発電所に新しく建設された発電ユニット（2号機）は、450MWの発電能力を持ち、日本製の高効率のコンバインド・サイクル・ガスタービン（CCGT）が導入された。CCGTとはガスタービンによる発電時の排熱で蒸気タービンを回転させ、エネルギー変換効率の高い発電を実現する技術だ。これにより温室効果ガスの排出の削減、環境負荷の低減に寄与することが期待される。

JICAは技術協力を通じて同発電所の人材育成にも取り組んできた。現地の技術者ら20名を日本に招いて約1カ月の研修を実施し、発電所の中央制御室やガスタービンのメンテナンスの現場を視察したほか、発電所に専門家を派遣し、敷地内に新設されたトレーニングセンターの研修カリキュラムの開発も進めてきた。

JICAは同発電所で、3号機の建設および定期点検等のメンテナンス体制構築を、円借款を通じて継続的に支援する方針である。今後も質の高いインフラ技術と人材育成を組み合わせた協力が、ウズベキスタンの安定的かつ環境負荷の低い電力供給を推進していく。

国際協力機構
東・中央アジア部
中央アジア・コーカサス課
松野　雅人*

＊所属は執筆時

変圧器の据付

No.1ガスタービン発電機の据付

蒸気タービンの据付

プロジェクトエリア全景

急造する電力需要に対応するために
環境負荷の少ない高効率の火力発電所を建設

インドネシアの電力供給

インドネシアは約2億3,000万人（世界第4位、2007年）の人口を抱える大国である。この巨大な市場と、賦存する石油、天然ガス、石炭、水力、地熱などのエネルギー資源を背景に、同国経済は実質成長率6％台という著しい発展を見せている。一方、経済成長に伴い急増する電力需要への対応は遅れており、慢性的な電力不足はさらなる経済発展の大きな足枷となっている。近年は、首都ジャカルタを有するジャワ島のみならず、スマトラ島南部においても著しい経済成長に伴う電力需要が急増しているが、発電プラントの老朽化も相俟って停電が頻発する状況にある。

2002年、インドネシア国有電力会社（PLN）が実施したF/Sでは、南スマトラ州の電力供給安定化のために、大消費地に近い既設発電所の増強プロジェクトを行うことが提案され、州都パレンバン市近郊のクラマサン火力発電所に白羽の矢が立てられた。

プロジェクトの概要と効果

本事業は、この既設クラマサン火力発電所内に高効率のガス複合火力発電プラントを2系列（合計約80メガワット）建設するというものである。高効率発電技術の導入により環境負荷を軽減する効果も組み込まれている。

工事契約はフルターンキー契約（一括請負契約）として丸紅が建設工事請負業者（EPC）契約を受注。主要機器である高効率ガスタービンは日立製作所が納入し、その他

プロジェクトサイトの建設事務所とコンサルタント事務所

工事風景

工事開始前のプロジェクトサイト

主な発電所機器仕様
80MW（メガワット）クラス　ガスコンバインド（40MWクラス×2系列）

機器	概略仕様
ガスタービン（H-25）	日立製作所(株)　（日本）
発電機（ガスタービン用）	BRUSH/HMA　（オランダ）
蒸気タービン	新日本造機(株)　（日本）
発電機（蒸気タービン用）	ＴＤパワーシステムズ　（インド）
排熱回収ボイラ（HRSG）	DAEKYUNG Machinery　（韓国）
制御装置（DCS）	ABB Ltd,　（シンガポール）

インドネシア
クラマサン火力発電所拡張事業

コンサルティング：電源開発(株)［J-POWER］
中部電力(株)

の機器及び据付工事を東芝プラントシステムが担当した。Jパワーは中部電力及びPBパワー社（ニュージーランド）と共同でPLNとコンサルタント契約を結び、本事業の入札支援、契約支援、設計審査および施工監理業務に従事することになった。

日本企業の参画が目立つ本事業であるが、その果実は日本だけに還元されるものではない。Jパワーが上記コンサルティング業務をローカルコンサルタントであるコヌーサ社と協力して実施している

ほか、土木工事に際しては、物資や技術はできるだけ国内から調達することで、同国の経済成長に貢献できるようにした。

また、基本計画、入札図書作成、工事発注及びEPC契約までのコンサルタント業務はジャカルタ市内で行われていたが、設計図書の審査、及び建設工事の施工監理業務は既設クラマサン発電所内に設置されたプロジェクト事務所において、現地スタッフと日本人スタッフとの共働で行われた。このことが、首都ジャカルタ以外での技術

移転という効果ももたらしている。

本事業で建設された新施設が商用運転を開始したのは2013年12月である。3年後に公表された本事業に対する事後評価は、新施設が最大出力、設備利用率、稼働率、発電熱効率などの主要指標の目標値をおおむね達成し、この発電所の属する南スマトラ電力系統の安定性に大きく貢献しているとして、非常に高い評価を与えている。

寄稿：電源開発(株)
国際業務部　吉武 尋史

ローター吊込み

ランナ吊込み

完成した下ダム

完成した上ダム

発電所工事

ピーク時の電力不足解消に向けて
施主と受注企業が一体となって工期内に完工

西ベンガル州の電力事情

インドでは、1990年代の経済成長に伴う急激な電力需要に対応できる電力設備の不足が大きな課題となっていた。また、コルカタを州都とする西ベンガル州では、出力規模は大きめだが需要に応じた発電出力調整には不向きな石炭火力発電が供給力の9割超を占めるアンバランスな電源構成も課題となっていた。

これらの課題解決に向け、西ベンガル州営電力公社（WBSEB、現WBSEDCL）により、プルリア揚水発電所建設が計画された。

揚水発電所とは、他の発電所の余剰電力で下池から上池へ水を汲み上げておき、平日昼間・夕方電灯点灯時などの需要が増加する時に、上池から下池へ水を導き落とすことで発電する水力発電方式で、需給バランスに応じた細かな発電出力調整が可能な水力発電所である。

プルリア揚水発電所の工事概要

本プロジェクトの建設資金は、日本の国際協力銀行（JBIC、現JICA）の円借款資金が当てられた。工事の施工は土木工事が大成建設、ゲート鉄管工事は三菱重工業、主要電気機械は三井物産・東芝、電力ケーブル工事は丸紅・ジェーパワーシステムがそれぞれ受注した。コンサルタント業務は電源開発㈱（J-POWER）とインド国営コンサル会社のWAPCOSとのJVが実施した。

本プロジェクトの計画諸元は別表に示す通りである。本体土木工事は2002年3月に着手後、当初計画通り08年1月に単機出力225MWの揚水発電機4台（合計900MW）が無事完成し、運転を開始した。土木工事の工期は59ヶ月、最終号機運転開始までの全体工期は70ヶ月であった。

CSR（配電用変圧器寄贈）

CSR（診療所冷蔵庫寄贈）

CSR（VVK学校校舎新築）

プルリア揚水発電所　計画緒元

	項目	諸元
	設備出力（最大）	225MW×4台＝900MW
	有効落差	177.00m
	最大使用水量	150m³/s/台×4台＝600m³/s
1.上池	集水面積	9.25km²
	ダム形式	中央遮水壁型ロックフィルダム
	ダム高／ダム頂長	71m／1,505m
	有効容量	13.0×10⁶m³
2.下池	集水面積	9.25km²
	ダム形式	中央遮水壁型ロックフィルダム
	ダム高／ダム頂長	95m／310m
	有効容量	13.0×10⁶m³
3.取水口	形式	鉄筋コンクリート横取式
	寸法	B40m×H17.7m×2基
4.導水路	（条数×直径×延長）	2条×7.7m×87.4m
5.水圧管路	（条数×直径×延長）	2条×7.7～7.3m×484m（上部・斜坑） 4条×4.3～3.2m×73m（下部）
6.放水路	（条数×直径×延長）	4条×5.6m×94m 2条×8.7m×399m
7.放水口	形式	鉄筋コンクリート横取式
	寸法	B28m×H17.5m×2基
8.発電所	高さ×幅×延長	地下式 48.0m×22.5m×157m
	ポンプ水車	水車出力230MW ／ポンプ入力250MW×4台 縦軸フランシス型 250r.p.m
	発電機	250MVA／255MVA×4台 同期発電電動機3相　50Hz

インド
プルリア揚水発電所建設事業（Ⅱ）

コンサルティング：電源開発（株）（J-POWER）

　工事が行われた6年間は、頻発する労務者のストライキや国全体の急ピッチなインフラ整備による慢性的な資材不足、また、モンスーンによる交通遮断から生ずる調達の遅れや熟練労働者の不足等々、工事遅延に直結する要因が数多く発生した。しかし、本プロジェクトは円借款の一般アンタイドにも関わらず受注企業が全て日本企業であったこと、地質条件に恵まれたこと、そして発注者であるWBSEDCLを中心とした工事関係者の強い意志があったことが最大の要因となって、工期を厳守することができた。関係各位の努力には改めて敬意を表したい。

　完成後のプルリア揚水発電所は順調な運転を続け、地域の電力事情の改善に大いに貢献している。

現地におけるCSR活動

　J-POWERは、現地駐在中、地元に対してさまざまな社会貢献活動(CSR)を行った。

　まず、山間部の少数民族の子女が通う学校の電化に必要な配電用変圧器を寄贈した。在コルカタ日本総領事館を通して外務省「草の根援助」資金の調達をサポートし、同校校舎の新築も支援した。

　また、地元の診療所には、医薬品の保存や熱中症の患者を冷やす氷を作る冷蔵庫を寄贈した。この診療所は、現地施工監理事務所の近傍にある地域唯一の病院であった。医師はアシスタントを含め3名、看護婦が6名体制で、この地域に住む12万5千人の保健衛生と、毎日500人もの患者の対応に追われていた。診療所の設備の改善に少しでも役立てればと考えて実行したものである。ささやかではあるが、このような活動に対して地元住民から感謝されたことも良い思い出となっている。

寄稿：電源開発（株）
　　　国際営業部技術室

ウランバートル第4火力発電所　遠景

ウランバートル市内

ウランバートルの電力と温水供給を支えるウランバートル第4火力発電所

世界でも有数の寒さとなる首都の
電力と温水供給の安定性・信頼性向上に貢献

モンゴルの電力事情

モンゴルは、中国とロシアに挟まれた親日国である。日本の約4倍という広大な国土に人口は約320万人。平均人口密度はわずか2人／km²であるが、総人口の約46％が首都のウランバートル市に集中している。同市は世界で最も寒い首都の一つと言われ、冬季はマイナス30度まで気温が下がるが、市内中心部の家屋やビルには発電所からの温水供給による暖房設備があり、屋内は暖かく、快適である。その意味で、冬季の発電所は最も重要なライフラインと

いっても過言ではない。

ウランバートル第4火力発電所は石炭を燃焼して発生した蒸気から、総出力約70万kWの電力と最大約1,430Gcal／hの温水を供給可能である。ボイラ8基と蒸気タービン・発電機7台で構成される国内最大の発電所であり、全国の約65％の電力と首都の約55％の温水を供給している。設備は、1980年代に建設された旧ソビエト製であるが、91年のソビエト連邦崩壊以降ロシアの技術者が引き上げ、部品の供給も途絶えて健全な運転ができない状況になっていた。

この状況に対し、92年からは

日本政府が国際協力機構（JICA）の円借款事業として援助を開始し、同発電所の電力・温水の安定供給を支援してきた。2008年までに、石炭供給装置、集塵装置、温水供給装置、ボイラ制御装置などについて、4回の設備改善・更新プロジェクトを実施し、30年以上経た現在でも問題なく運転を継続している。

電源開発（J-POWER）は技術コンサルタントとしてすべての案件に携わり、5回目の円借款事業となった本案件でも、コントラクタ選定支援、設計承認支援、施工監理業務などに従事している。

タービン蒸気加減弁駆動装置

中央制御室

デスラガー（煤吹き装置）

ウランバートル市内の国会議事堂前広場

モンゴル
ウランバートル第4火力発電所効率化事業

コンサルティング：電源開発(株)（J-POWER）

最新の設備に更新

　本事業に関しては、2013年11月に総額約42億円を限度とする借款契約が同国とJICAの間で締結された。事業は2つのパッケージから構成されている。

[パッケージ1]
[タービン・発電機　6台が対象]

1)タービンガバナ（調速装置）の電子化（既設は機械式）

2)タービン制御装置のDCS（分散制御システム）化

[パッケージ2]

1)微粉炭機のセラミック部品採用による長寿命化

2) スーツブロワ（蒸気によるボイラ内のすす落とし装置）設置

　工事契約は据付工事も含めた一括請負契約として、パッケージ1は日本の横河電機(株)が、パッケージ2は日本の三菱日立パワーシステムズ(株)とモンゴル国のMCS社の共同事業体が受注して、2015年から設計、製作、現地工事に入った。発電所を稼働させながら、ボイラ・タービンそれぞれ1ユニットずつ、冬季の重負荷期以外の計画定期点検で停止するタイミングを見計らって工事を実施する計画とし、ほぼ計画通りに2019年中に工事は完了した。

　パッケージ1については、制御装置の信頼性の向上、運転監視性の向上、運転の安定化、運転員の操作性の向上、パッケージ2については修理費の低減、ボイラの効率向上等について、計画通りの成果が期待されている。

　ウランバートル第4発電所には、これまでの4回の円借款事業での援助による設備改善・更新に加え、今回の事業により、さらに最新の日本の技術が導入された。同発電所はモンゴルおよびウランバートル市のライフラインとして、これからも長く安定して電力と温水を供給していくことになる。

寄稿：電源開発(株)
　　　国際営業部技術室

高くそびえる廃熱回収ボイラー

本事業で建設されたナボイ火力発電所2号機の建屋全景

水蒸気を集める空冷式コンデンサー

蒸気発電タービンと発電機（コンテナに収納されている）

ガスタービン（コンテナに収納されている）

送電のための開閉所

水処理施設の外観

電力需要の伸長に応え、環境負荷の少ない高効率の発電設備を導入

ウズベキスタン
ナボイ火力発電所近代化事業

コンサルティング：	東電設計（株）
施 設 建 設：	三菱日立パワーシステムズ（株）
機 材 調 達：	三菱商事（株）

　ウズベキスタンでは、豊富に産出する天然ガスをエネルギー源とする火力発電が電力供給量の約9割を占める。しかし、旧ソ連時代に建設された発電所の多くは運転開始から40〜50年が経過し、老朽化が著しい。全国の火力発電所の発電容量は定格容量に比べて3割も低下しており、増大する需要に供給量が追いついていない。特に、暖房のために電力需要がピークに達する冬季には、首都タシケントでも計画停電がしばしば実施されている状況である。

　さらに、老朽化した発電機は熱効率が低く、大量のCO_2を排出して環境を汚染するという問題もある。同国のCO_2排出量は、世界全体でも最も高いレベルにあると言われる。このような状況を改善するために、老朽化した発電所への最新の発電システムの導入が急務である。

　本事業では、同国中央部に位置するナボイ火力発電所に「コンバインドサイクル発電」の設備が建設された。これはガスタービンと蒸気タービンを組み合わせた二重の発電方式である。まず、通常の火力発電と同様に燃料を燃やしてできたガスの圧力でガスタービンを回して発電し、さらに、そのガスの余熱を利用して発生させた水蒸気で蒸気タービンを回して発電する、という仕組みだ。同じ量の燃料でより多く発電することによって、電力供給量あたりのCO_2排出量を抑える利点がある。本事業では、その他にも燃料に硫黄分の少ない天然ガスを用いるなど、環境への負荷を徹底して抑えている。

　本事業は2020年3月に完了したが、日本政府は、今後もウズベキスタンの安定的で環境負荷の少ない電力供給体制の構築に向けて支援を継続する方針である。現在、本事業のフェーズ2として、新たな発電所の増設が進められている。

オルカリア I

メネンガイ掘削指導

メネンガイ蒸気開発

地熱発電の未来を開く

ケニア
オルカリア I ４・５号機地熱発電事業

コンサルティング：西日本技術開発（株）

　ケニアでは、近年の経済成長に伴い、電力需要も毎年15％前後増えている。そのため水力や火力に次ぐ第３のエネルギーとして、地熱発電の開発が積極的に進められてきた。

　地熱エネルギーは、一度開発すれば低コストで持続的に電力を生産でき、CO_2の排出量も少ないという優れた利点がある。その一方で、開発段階では課題も多い。

　地熱開発には、①地表調査、②試掘、③蒸気開発、④プラント建設、という４つの段階がある。このうち、①の地表調査には高度な技術を要するほか、②の試掘には

１本あたり７〜20億円の費用がかかるにも関わらず、開発できる地熱資源が見つかる可能性は50％前後に留まるなど、リスクが極めて大きいのだ。こうした課題に対し、ケニア政府は、地表調査から試掘までを政府が行い、④の発電プラント建設以降は入札で企業を選定する方式を打ち出した。この「ケニアモデル」は世界から大いに注目を集めている。

　近年、日本はケニアの地熱開発を技術、資金の両面から支援してきた。円借款では、2015年１月に完工した「オルカリア I ４・５号機地熱発電事業」に続き、2016

年３月に「オルカリア V 地熱発電事業」が調印された。技術協力プロジェクトではメネンガイなどで「地熱開発のための能力向上プロジェクト」や「GDCの地熱開発戦略更新支援プロジェクト」を実施している。

　日本は地熱発電の分野において、地熱資源開発や発電タービンの製造などで世界をリードしている。国際協力機構（JICA）は、開発途上国における地熱発電の開発を積極的に支援していくほか、地熱開発に関わる人材の育成にも、オール・ジャパンの体制で注力していく方針だ。

2016年8月号掲載

送電線タワー

取水堰

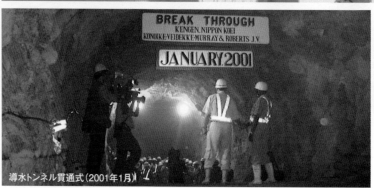

BREAK THROUGH
KENGEN, NIPPON KOEI
KONOIKE-VEIDEKKE-MURRAY & ROBERTS J.V

JANUARY 2001

導水トンネル貫通式（2001年1月）

幾多の困難を乗り越えて国内総発電力量の約6%を担う水力発電所が完成

　本発電所はケニア国西端のビクトリア湖に流入するソンドゥ川の下流域に建設された、ダム建設を伴わない流れ込み式水力発電所である。2008年3月に商業運転を開始した。

　当社は1985年に実施したソンドゥ川流域総合多目的開発計画（マスタープラン）によるプロジェクトの形成・計画から、完成に至るまでほぼ四半世紀に亘り本事業に関わってきた。建設工事は1999年から2003年の一期工事と2004年から2008年の二期工事により実施された。

（1）目的

ソンドゥ川の自然河川流量と本地域の自然地形落差を利用して最大出力60MWの水力発電所を建設し、ケニア国の逼迫する電力不足の緩和、特に西部地域への安定した電気の供給を行うこと、さらに将来において発電後の使用水の一部を隣接するカノー平野の灌漑開発に供給する。

（2）事業者

ケニア国は発電所の建設・運営事業と電力の送配電事業を別組織としている。本建設事業の事業者は発電所の建設・運営を管轄するケニア発電公社（Kenya Electricity Generating Company Ltd.: KenGen）である。一方、電力の送配電事業はケニア電力電燈公社（Kenya Power and Lighting Company Ltd.: KPLC）が建設・運営を管轄する。

（3）事業資金

事業資金はわが国のODA資金（85%）とケニア発電公社の自己資金（15%）であり、わが国のODA資金は一期工事と二期工事共に国

発電所と変電所

水圧鉄管路始点から
発電所とビクトリア湖を望む

放水路

発電所発電機ローター据付開始

ケニア
ソンドゥ・ミリウ／サンゴロ
水力発電所建設事業

コンサルティング：日本工営(株)	
施設建設	第一期：(株)鴻池組
	第一期：(株)鴻池組／大成建設(株)／(株)IHI／三井物産(株)／(株)東芝

際協力銀行（JBIC）により融資された。

1）1997年：ODA一次融資額69億33百万円

融資対象は以下の通りである。

- 取水工、導水路トンネル及び工事用道路等の建設費
- コンサルタントによる施工監理費

2）2004年：ODA二次融資額105億54百万円

融資対象は以下の通りである。

- 土木工事費
- 鋼製門扉鉄管工事費
- 発電関連機器工事費

- 送電線および変電所工事費
- コンサルタントによる施工監理追加費

その他、KenGenは自己資金により以下の補償を行った。

- 用地の買収・補償
- 学校・教会などの建替え工事

（4）成果

　この施工監理業務の11年間には、社会的問題、技術的問題、契約上の問題などさまざまな問題が発生した。しかし、その都度、関係者が英知を結集し、真摯に忍耐強く取り組んできた結果としてこ

ソンドゥ川

の度の完成がある。そして現在、本発電所はケニア国内総発電力量の約6%を担っている。この事業が長期に亘ってケニア国の発展に寄与することを祈念する。

日本工営(株)
ソンドゥ・ミリウ開発事務所所長
（第二期）　白谷 章

プラント外観

セパレータ基地

冷却塔

蒸気の噴気テスト風景

性能試験用仮設計器の確認

純国産資源を利用したエネルギーの自給自足を支援する
～安定したベースロード電源となる地熱発電の開発～

経済成長に伴う電力需要の急増

　コスタリカ共和国は中米に位置し、人口約499万人、面積は九州と四国を合せた程度（約5万1,000km²）の小さな国である。中米で最も安定した民主主義国で、経済も2010年以降概ね3～5％程度の安定的な成長を続けている。

　経済成長に伴い、年間電力需要は2000年～2009年の間で年平均5％の伸び率を示し、2020年にはおよそ15TWhに達すると見込まれていた。一方、環境立国として、2014年までに供給電力の95％を再生可能エネルギーで賄う事を目標としていたが、電源構成の約70％は水力発電であり、旱魃期に電力不足が発生する問題を抱えていた。

　こうしたことから、同国政府はグアナカステ県における地熱発電の計画を策定し、わが国に協力を要請した。協力準備調査を経て、両国政府は「グアナカステ地熱開発セクターローン」にかかる協力協定を結び、本「ラス・パイラスII」地熱発電所建設事業がサブプロジェクトとしての最初の円借款プロジェクトとなった。

地熱発電のメリット

　地熱発電は、地下資源開発のリスクや開発期間の長さから、ポテンシャルはあっても開発はさほど進んでいない。しかし、地熱は再生可能エネルギーの中でも風力や太陽光と異なり天候に左右されない特長があり、電力の安定供給が可能なベースロード電源となる。また、火力発電と比べると燃料が不要である。さらに、資源の調査・開発や建設工事において国内で比較的大きな雇用を創出する。こうしたメリットに加え、推定地熱発電ポテンシャル約865MWに対して、まだ既開発分が159MWと大きな開発余地が残されていることから再生可能エネルギーとして、同国では地熱開発への期待は大きかった。

納入された蒸気タービン

掘削リグ

発電所工事風景

プロジェクトの記念モニュメント

コスタリカ
グアナカステ地熱開発セクターローン
（ラス・パイラスⅡ）

コンサルティング：西日本技術開発（株）
蒸気タービン製造：三菱日立パワーシステムズ（株）

コスタリカの地熱発電開発への継続的なコンサルティング

　本事業は、首都サンホセから西に240km程離れたグアナカステ県リベリア郡にある。発電所はプラント性能試験を終え2019年7月23日に営業運転を開始した。

　当社は同国の地熱発電事業に関わりが深く、初の地熱発電事業「ミラバジェス地熱発電事業（円借款）」に続いて、本事業でも2013年の協力準備調査の段階から携わっている。地熱発電プロジェクトでは、目に見えない地下の地熱資源を適切に評価する事が重要である。当社は東南アジアやアフリカ、中南米などで多くの実績があり、本事業でも地熱資源の評価から発電所の規模の決定、環境影響評価、詳細設計、更には発電所建設まで一貫したコンサルティングサービスを実施した。

日本の地熱発電の技術

　地熱発電所において、その心臓部と言える地熱発電用蒸気タービンは、日本のメーカー3社で全世界の約7割のシェアを占める。本事業でも、三菱日立パワーシステムズ（MHPS）社製の蒸気タービンが使用されている。

　今回納入された同社の出力55MWの蒸気タービン（シングルフラッシュ、ダブルフロー、上方排気）を中核とした「ラス・パイラスⅡ発電所」建設事業によって、事業実施機関であるコスタリカ国営電力公社は、中南米での「ベスト地熱プロジェクト賞」を受賞している。

　途上国での地熱発電プロジェクトを支援することは、CO_2排出量の抑制、SDGs（持続可能な開発目標）の達成へ寄与するとともに、わが国の質の高いインフラを海外へ輸出する事にもなっている。

寄稿
西日本技術開発（株）
東京事務所　所長　南坊　進二
　　同　　　課長　増中　理恵

KENYA

安定した再生可能エネルギーを日本の技術で開発
ケニアの地熱発電量は世界8位に躍進

ケニア共和国　オルカリアⅠ　4・5号機地熱発電事業

カラーグラビア
P51

ケニアでは、経済成長に伴う電力需要の増加に応えるため、発電能力増強が喫緊の課題である。同国の主要電源は、水力発電、火力発電、地熱発電だが、水力発電は乾季や干ばつで出力が低下することがあり、また、火力発電は、高コストの輸入燃料の増加や温室効果ガス排出につながることが懸念されている。

一方、地下2～3kmから取り出した蒸気を利用する地熱発電は、天候に左右されない安定した再生可能エネルギーであり、ケニアには1万MWのポテンシャルがあると言われている。そのため、JICAは2010年3月に本事業（140MW）に対する295億円の円借款を承諾、2015年1月に完工した。

地熱発電に使われるタービンは日本製が世界シェアの70%を占め、ケニアでも多くの日本製タービンが採用されている。また、維持管理の高度化を支援するため、2020年内には国際連合工業開発機関（UNIDO）と連携してJICAは「IoTを活用したオルカリア地熱発電所の運営維持管理能力強化プロジェクト」を開始する予定である。2019年8月に開催されたTICAD7でのサイドイベント「アフリカの未来の成長を支える電力セクターのイノベーション」では、ケニア発電公社のミアノ総裁が政府を代表

4・5号機発電所

して登壇し、「日本などの支援により地熱開発が進み、ケニアの地熱発電は世界8位の800MWに達した」と発言した。環境負荷が少なく安定したエネルギーである地熱発電の更なる開発が期待されている。

> 国際協力機構
> アフリカ部アフリカ第一課
> 池田 俊一郎

COSTA RICA

環境保全と両立する地熱開発への協力を継続し
「カーボン・ニュートラル」の達成に大きく貢献

コスタリカ　グアナカステ地熱開発セクターローン（ラス・パイラスⅡ）

カラーグラビア
P54

中米地域に位置するコスタリカにおいては、従来、水力が電力資源の3分の2以上を占めているが、乾季には発電量が低下し、不足分の電力を輸入化石燃料による発電で補う必要があった。

JICAは、継続的に安定した電力供給が見込め、クリーンエネルギーで気候変動の緩和にも資する地熱開発への協力を1985年よりコスタリカに対して行っており、今回、2019年8月にJICA協力2つ目の事業となるラス・パイラスⅡ発電所建設を終えた。同事業の開始により、最大出力55MWの発電が可能となるのに加え、原油による火力発電を運営するのに

比べて、年間約1万4000トンの温室効果ガス排出削減に貢献することが想定されており、コスタリカ政府が目標に掲げる「カーボン・ニュートラル」の取組にも大きく貢献する。また、本事業の実施においては、蒸気パイプラインや発電所建屋の設計にあたり、動植物の生育環境や周囲の景観を考慮し、環境と開発との両立を目指した点、生態系への影響を正確に評価するために技術支援を実施した点などにも大きな特徴がある。

今後に向けて、JICAは2017年6月に新たな地熱開発事業であるボリンケンⅠ発電所建設に係る円借款貸付契約を調印済で、現在建設準備を進

蒸気が立つ生産井の様子

めているところであり、コスタリカの地熱分野の開発協力を継続していく予定である。

> 国際協力機構
> 中南米部　中米・カリブ課
> 村上 雅子

アジャンタビジターセンター入口ホール

エローラビジターセンター

エローラ石窟カイラッシュ寺院

石窟寺院群を保護し観光インフラを整備

インド
アジャンタ・エローラ遺跡保護・
観光基盤整備事業

コンサルティング：（株）オリエンタルコンサルタンツグローバル

　アジャンタとエローラの両石窟寺院群は、インド西部のマハラシュトラ州オーランガバード市近郊に位置し、どちらも国連教育科学文化機関（UNESCO）の世界遺産リストに登録されている。アジャンタ石窟は同市の北110kmに位置し、特に菩薩像などの壁画で知られている。また、同市の西30kmに位置するエローラ石窟群には仏教とヒンドゥー教、ジャイナ教の石窟が混在し、特に巨大な岩を掘削して作られたカイラッシュ寺院が有名である。

　今回のプロジェクトは、両石窟を中心とするマハラシュトラ州の観光資源の保全と地域開発を目指して立案された。協力内容は、「遺跡保全」「観光インフラ整備」「観光開発」の3コンポーネントに分けられた。「遺跡保全」では、両石窟群の保全作業とともに、適切な保全作業に向けての国際的なExpert Panelが5回開催された。「観光インフラ整備」では、実施機関の公共事業庁、森林局、国家航空局、州水道局、州給電局と共に、遺跡へのアクセス道路や幹線道路の改良工事、沿道の植林、オーランガバード空港ターミナルの建設、両石窟群への給水・配電などが実施された。「観光開発」では、

新設のオーランガバード空港ターミナルビル

州観光公社と共に両遺跡内のビジターセンターの建設や来訪者の管理、観光宣伝、人材育成などが実施された。

　一連の取り組みが奏功してアジャンタとエローラ石窟群を訪れる来訪者、特に外国人来訪者が急増し、国際的観光地化があと押しされ、考古局による遺跡の保全・修復作業も大幅に進展した。

リハビリ工事後

主な工事は人力で実施された

完成イメージ：用水路、管理用道路、そして機械化促進

リハビリ工事前

コンクリートの製造、打設も人力で行う

メイン水路のリハビリ工事：重機を所有する施主（ミャンマー灌漑局）が直営で施工

老朽化した水路を整備し
農業生産高と農家収入の増大を図る

灌漑率はわずか6％

　農業は、ミャンマーにおいて国内総生産（GDP）の約3割を占める重要な産業で、食糧自給だけでなく輸出面でも大きく貢献している。同国政府は1980年代後半から235のダム灌漑施設を建設するなど、農業の生産性向上に努めてきた。だが、2014年時点の灌漑率は10％にとどまり、周辺の東南アジア諸国連合（ASEAN）の平均値である22％を下回っていた。この事態を重く見た同国政府は、2012年に策定した「第5次5

カ年計画」のプログラムの一つに灌漑面積の拡大を掲げた。

　特に、最大都市ヤンゴンから約250km離れた同国南部のバゴー地域は、年間降水量が約1,100mmと少ないにもかかわらず、灌漑率は6％と国内でも低い水準にある。最大の原因は、老朽化により灌漑施設の機能が低下したことだ。中でも、本事業の対象となったバゴー地域西部は、同国政府が外国の援助機関向けプロポーザルにリストアップした「特に緊急の改修・整備が必要とされる灌漑地区」の一つでもある。

水利組合の設立も支援

　国際協力機構（JICA）は、1980年代からミャンマーの集約的農業支援に力を入れている。このうち灌漑セクターでも、日本の無償資金協力によって建設した灌漑技術センターを活用して政策立案、人材育成の支援などを行ってきた。そして、円借款を通じ実施された本事業では、バゴー地域西部のピィ郡の3地区（北ナウィン灌漑地区、南ナウィン灌漑地区、ウェジ灌漑地区）、およびタヤワディ郡のタウンニョ灌漑地区で、灌漑

開水路のライニング
（コンクリート、ブリック、コンクリートパネル）

分水工

チェックゲート

落差工

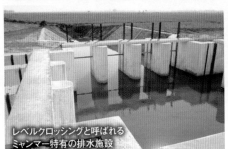
レベルクロッシングと呼ばれる
ミャンマー特有の排水施設

パーシャルフルーム

ミャンマー
バゴー地域西部灌漑開発事業

コンサルティング：（株）三祐コンサルタンツ　日本工営（株）

施設を改修・整備し、生産高の増大を図った。対象地域の面積は全部で約10万haに及び、現地の農家を中心として約11万7,000人が受益者となる。

具体的には、工事に必要な機材（掘削機、ブルドーザー、農機など）を調達し、幹線水路や二次水路、管理用道路など灌漑に必要な施設を改修・整備した。これにより、土水路がコンクリートで舗装され、水が無駄なく農地に行き渡るようになった。水路整備で、これまで水が不足していた水田にも必要な時期に水が届くようになり、乾季の稲作も容易になった。加え

て、農家自身が水路を管理できるようにするため、現地で水利組合の設立も支援した。

対象農家からも高い評価

2019年6月24日、ウェジー灌漑地区で完工式が開かれ、来賓として同国の農業畜産灌漑大臣やJICAミャンマー事務所長などが出席し、記念碑の除幕を行った。

本事業の対象となった地域では、農家の人々もこのプロジェクトを高く評価している。季節を問わず十分な水が農地に行き渡るようになったほか、水利組合ができたことによって灌漑水をめぐる争

いがなくなった。「農家同士の結束力が強くなった」「政府の灌漑・水利用管理局と密に連携できるようになった」などという声が多く聞かれた。

農地の拡大や作付けの多様化により、今後は生産性や農家の収益が上がるとの期待は大きい。一戸当たりの農業の粗収益額は、2012年と比べて事業完成の2年後には約1.4倍になるとの試算もある。管理用道路が作物の運搬だけでなく子どもたちの通学や傷病者の搬送にも役立つなど、本事業によって地域の人々の生活は早くも向上の兆しを見せている。

シールド工法による掘削工事

Juru下水処理場

Kangar下水処理場

Kota Setar汚泥処理場

Nyior下水処理場

現地コントラクターと
セグメント工場の検査

環境改善と経済発展を実現

マレーシア
全国下水処理事業

コンサルティング：（株）NJSコンサルタンツ

　マレーシアでは、伝統的に小規模の公共下水処理場が多数乱立しているが、それらは維持管理が難しくなり、適切な下水処理が行われなくなっている。特に人口が急増する都市部を中心に、生活環境の悪化と人々の健康への被害が重要な政策課題になっていた。

　この状況を改善するため、マレーシア政府は、日本の協力を得ながら2000〜11年に同国の主要都市13地区に下水処理場を10カ所と統合汚泥処理施設を3カ所建設し、各地区の主要下水管渠の整備も行った。

　総工費約639億円のうち75％に相当する約484億円が円借款によってまかなわれた。調査から設計、施工監理まで、このプロジェクトのコンサルティングはエヌジェーエス・コンサルタンツ（以下、NJSC)が担当した。

　このプロジェクトは以下の点で特徴的であった。まず、マレーシアで初めて近代的かつ経済的な下水処理施設が導入され、下水の集合処理が可能になったことによって、都市部の大規模集合処理による下水道普及率は5％から50％に劇的に改善した。また、円借款による下水道整備は同国で初めてであったため、NJSCは同国政府のプロジェクト・マネジメント業務も全面的に支援・指導すると共に、現地のコンサルティング企業3社に対してコンサルティング技術を指導した。さらに、建設工事を受注した本邦の建設会社もこうした技術移転を継続して実施した。

　こうした取り組みが奏功し、現在ではマレーシア政府自身が下水道整備を独自に実施できるようになった上、関連の裾野産業は大きな発展を見せている。

5MLD下水処理施設（処理水量：5,000m³/日）

下水処理場全景（処理水量：30,000m³/日）

フセイン・サガール湖に戻される下水の処理水

1562年に建造された人造湖
フセイン・サガール湖の遠景

住民の衛生環境を総合的に改善

インド
フセイン・サガール湖流域改善事業

コンサルティング：（株）NJSコンサルタンツ

　インドの都市部では、人口の急激な流入や工業化の進展によって自然浄化力をはるかに上回る量の生活排水や工業廃水が河川や湖沼に垂れ流されており、人々の住環境や地域の自然環境の悪化が著しい。例えば、国際ビジネスの拠点として、さらに観光地として発展目覚しいアンドラ・プラデシュ州の州都であるハイデラバード市（人口約1,100万人、2019年）もその典型である。

　フセイン・サガール湖は、市の中心部に位置する同市のシンボルであるが、上流地域の下水処理施設の整備が市の発展のスピードに追い付いていないため、湖水の水質も周辺住民の衛生状態も悪化の一途をたどっている。本事業は、こうした状況を改善するため、州政府が日本に対して円借款による支援を要請したものである。

　エヌジェーエス・ンサルタンツは、このプロジェクトにおいて案件形成促進調査（SAPROF）と本体工事の両方に対して一貫したコンサルティングサービスを提供してきた。

　本事業により、①下水道のコンポーネントとしては、高度下水処理施設の新設や既存の二次処理施設の改修、河川遮集施設の改修・増強、下水幹線や下水管網の整備、雨水調整池の建設、スラム開発（ゴミ回収施設、公衆トイレ、下水管整備）などが、また、②湖環境整備のコンポーネントとしては、湖底土砂の清掃・浚渫、運搬、処分や、護岸工事、湖岸の整備が、そして　③ソフトコンポーネントとしては、地域住民の公衆衛生に対する啓蒙活動のほか、ハイデラバード都市開発庁と上下水道公社の能力開発が、それぞれ実施された。

BANGLADESH

ダクタイル管の埋設工事

配管の接続は極めて重要

水管橋／既設橋脚の補強工事

最大の商業都市の市民に
衛生的な飲料水を安定的に供給

不十分な飲料水供給

　チッタゴンは、人口約270万人を擁するバングラデシュ第二の都市である。商工業の中心地だが、近年、人口増加や都市化が急速に進展し、さまざまなインフラの整備が追い付いていない。

　特に、飲料水の供給が不十分で、本事業実施当時、市内全体の47％しか上水道を利用できなかった。不衛生な地下水を飲料に利用する場合が多く、乾期には深刻な飲料水不足も発生する。同市のこのような状況を改善するために、

日本はハードとソフトの両面から支援を行ってきた。

掘ってみないと分からない

　本事業は、以下３つのパッケージから構成された。
C－1　取水施設と浄水場の建設
C－2　送水管・配水管の敷設
C－3　配水池の建設
　このうち、C－1は中国企業、C－3は韓国企業がそれぞれ受注し、クボタ工建（現 クボタ建設）と丸紅の日本企業コンソーシアムが受注したのはC－2の部分である。このパッケージで敷設された

送水管と配水管の総延長は約70kmに及ぶ。

　「掘ってみるまで何が出てくるか分からない状況の連続だった」。敷設工事で副所長を務めたクボタ工建の瀬戸昭孝工事部長（取材時）は、現場の様子をそう述懐した。

　英国統治時代から無秩序にガス管や古い水道管、電話線などが勝手に埋設されてきた上、何がどう埋められているのかを示す図面がまったくなかったため、手探りで掘削せざるを得ず、ひどいときには1日に数mしか工事が進まない現場もあったという。

バルブ装置の設置

交通量が多い市内での施工

障害物を越えるための複雑な配管

4カ所に建設された水管橋

バングラデシュ
カルナフリ上水道整備事業

コンサルティング：（株）NJSコンサルタンツ
施 設 建 設：（株）クボタ工建* ／丸紅（株）共同企業体
（＊現（株）クボタ建設）

　工事は、最盛期には50カ所以上の現場で同時に進行し、1,000人前後の人々が作業に携わっていた。交通渋滞の激しい地域は夜間にも工事を行った。しかし、雨期や、頻発するハルタル（ゼネスト）の際は、工事はほとんど進展しないといった困難もあった。

　こうした中、本事業では、既存の橋を再利用して川を渡す「水管橋」という特殊な工法も採り入れられた。この設計と工事には、既存施設の構造・強度、潮の干満、川底の土質など、多様な情報が必要となる。日本でも難しい工事であるが、現地の技術者を育成しな

がら完成にこぎ着けた。

　C−2パッケージの送・配水管敷設は2015年10月に、また、C−3のパッケージもほぼ同時期に完工した。C−1の建設工事に遅れが発生したが2016年に完成し、「カルナフリ上水道整備事業」は、新たにフェーズⅡの段階に移行している。これも日本の円借款によってフェーズⅠと同規模の施設・送配水管新設工事であり、最終的に各家庭へ飲料水が供給されることになる。このフェーズⅡの完成後の2030年には、チッタゴン市の上水道設備による給水率は現状の47％から95％まで改善し、

給水人口も130万人から430万人に増加すると見込まれる。

ハードとソフト、両面の支援

　チッタゴン市の給水事情を改善するために、国際協力機構（JICA）は技術協力「チッタゴン市上下水道公社（CWASA）組織改善・無収水削減推進プロジェクト」も実施している。

　このようなハードとソフト両面の支援は、日本の政府開発援助（ODA）の円借款と技術協力の両スキームの効果を発現するための画期的な成功事例となりつつある。

汚泥ポンプ室

海中放流管

南側から見た下水処理場

高い技術力で社会インフラの整備と
環境保全に貢献
〜水分野の円借款で初のSTEP適用案件〜

悪化するラグーンの水質

　パプアニューギニアの首都ポートモレスビー市は、近年、人口が急増している。それは同時に、水需要の高まりと下水処理の必要性をもたらした。同市には、開発が進む内陸部に3つの下水処理場（簡易な処理方式）がある一方、沿岸部に処理場はなく、汚水は未処理のまま同市に面するラグーン（砂州やサンゴ礁により隔てられた水深の浅い水域）へ放流されていた。これが沿岸水域の汚染の原因となり、サンゴ礁は死滅し、地域住民の生活環境も悪化した。とりわけ、ラグーンは零細漁民の重要な漁場であり、ラグーンの汚染は漁民や海上生活者の健康だけでなく経済にも深刻な影響を与えていた。

　同国政府は問題の抜本的解決を目指して、日本に支援を要請した。これを受けて国際協力機構（JICA）は1998年、同市沿岸部の下水道整備に関するマスタープランとフィージビリティースタディの調査を実施した。それを受けて、2010年1月に本事業のL/A（借款契約）が締結された。水分野で初めて本邦技術活用条件(STEP)が適用された案件である。

日本原産技術の汚水処理方式

　本事業で実施されたのは、主に①下水処理場、アクセス道路（1.2km）、海中放流管（地上・水中部合わせて1.6km）の建設、②下水道の建設（幹線12.4km、枝線13.1km）、③ポンプ場の新設（4カ所）と施設の更新（9カ所）、④施設の運用及び維持管理指導（O&Mトレーニング）の4つだ。

　主要施設である下水処理場の処理能力は1万8,400㎥／日。対象

管理棟

汚泥処理棟

管理棟モニター室

管理棟水質分析室

ポンプ場外観

パプアニューギニア
ポートモレスビー下水道整備事業

コンサルティング：（株）ＮＪＳコンサルタンツ
施設建設及び機材納入：大日本土木（株）、（株）日立製作所
施設運用及び維持管理指導：（株）北九州ウォーターサービス

　人口は2042年に想定される同市沿岸部の約12万6,000人である。処理場の汚水処理方式については、エネルギー消費が少なく、窒素の効率的な除去が可能で水質保全に有効なオキシデーションディッチ（OD）法が、先方政府の要請で採用された。このOD法の技術は、STEPが要請する「本体契約総額の30％以上が日本原産技術である」という条件に該当している。

　本体事業は、大日本土木と日立製作所の共同企業体が受注した。大日本土木が土木・建築工事と機械・電気据付工事を行い、日立製作所が機械・電気設備の設計・機材納入を担当した。北九州ウォーターサービスはO＆Mトレーニングを担当し、試運転指導や現地運転員のトレーニングを実施。全体の施工監理はNJSコンサルタンツが請け負った。2016年4月に着工し、2018年10月、一期工事完了と同時に施主側による運用が開始された。

住民の健康増進と観光振興も

　本事業の実施を受けて、ポートモレスビー市沿岸部に面するラグーンの水質は改善され、ラグーンの生態系が回復し、漁獲量がか

つての豊漁期の水準まで戻ると見込まれている。

　また、ラグーンの汚染を一因とした観光客の減少に歯止めがかかり、観光客がより長期に現地に滞在するようになる可能性も高まる。そうなれば観光産業の振興にも大きく寄与することになる

　このほか、同市沿岸部では下痢などの水系疾患の罹患率が約21.7％と、内陸部の約5％に比べて極めて高いが、今後は、沿岸部においても内陸部の水準まで減少すると予想されており、それに伴い住民が支払う高額な医療費が抑制される効果も期待されている。

浄水タンクの屋根設置工事

配管敷設

銀色に輝くスパニッシュ・タウン浄水場内の浄水タンク(貯水容量8,000 m³)

配管敷設

井戸ポンプ据付

円借款事業、カリブ海に行く
～大漏水と塩水化へのチャレンジ～

本邦支援のカリブ地域水道事業

紺碧のカリブ海に浮かぶ島国ジャマイカに向かう飛行機は、首都キングストンのノーマン・マンレイ国際空港に向け低空飛行での最終アプローチの時、キングストンの西約20kmに位置するスパニッシュ・タウン上空を通過する。その時、飛行機の窓から地上で銀色に光るものに気付く人がいるかもしれない。これが、これから紹介するキングストン首都圏上水道整備事業(ロット2A)で建設された、スパニッシュ・タウン浄水場内の貯水容量8,000m³の浄水タンクである。

本事業は、本邦技術協力による1998年の事業化可能性調査に引き続き、2000年のSAPI(Special Assistance for Project Implementation)調査を経て、日本のODA有償資金協力事業として、2002年11月に詳細設計のためのコンサルタント・サービスが開始された。その後、2007年初頭より最初の工事が始まり、ロット2Aは2009年9月から18か月の工事契約で着工した。本事業は、総事業費約77億円、そのうち円借款額約66億円の都市水道整備事業である。

漏水と水質悪化へのチャレンジ

事業対象地域は、現首都名を冠した「キングストン首都圏」であるが、実質的にはキングストンではなく、その西側に位置する首都圏の一部、スペイン統治時代の首都スパニッシュ・タウンとその周辺地域、並びにその南東部で海岸部に位置するセント・キャサリン地区である。

事業対象地域での主要な問題の1つは、英国統治時代の1830年代から整備が始まった水道管が、一部とは言え依然として使用されていた背景もあり、既存水道施設からの漏水による多量の無収水が発生していることであった。無収水量は1997年時点の推定で地域

配水ポンプと浄水タンク

送水ポンプ施設

エンジェルヒル配水池の流出入管

配水ポンプ施設

閣僚の現場視察

運転トレーニング

ジャマイカ
キングストン首都圏上水道整備事業

コンサルティング：日本工営（株）
モンゴメリー・ワトソン・ハルザー（UK）
施　設　建　設：（株）安藤・間 ※現社名

全体平均で約60%、地区によっては80%を超えるところも存在した。2つ目の問題は、事業対象地域内の水道水源の約85%は地下水であり、その内、事業開始時で総給水量の約15%を賄う井戸が、汲み上げ量の増加から塩水化の傾向が高まっていることであった。これらの井戸の汲み上げ量を減らし、代替水源を確保する必要があった。

事業内容

　ロット2Aの工事内容は、新規水源の井戸整備3か所（総揚水量23,000m³／日）、送・配水用コンクリート貯水池（1か所1,400m³）、既存浄水場内の送水ポンプ施設、送・配水本管布設（計22km、管径200〜600mm）、及び浄水タンク（8,000m³ボルト留鋼製地上式タンク）である。ここで特筆すべきは、漏水（無収水）対策として、新規送・配水本管の布設と同時に多数の電磁流量計とバルブを据え付けDMA（District Metered Area）を作ったことである。これは給水網内に作られた小区画（DMA）単位で水の出入りを把握し、漏水箇所の特定につなげる対策である。漏水の大幅改善は、時として大規模な新規水源に匹敵する有効水量を生み出す。本事業を契機に対象地域の水道事情の安定的改善が期待される。

　最後に、カリブ海の印象とは裏腹に、この地の治安の悪さは世界屈指である。年間の殺人件数は1万人を超えていた。ロット2A工事でもこの影響は深刻であった。それにも拘わらず、当初の工期内での完了を見た。これは何より、施工企業、コンサルタントそしてジャマイカ側実施機関の良好な関係構築と、それぞれの立場での合理的な事業運営の賜物であったと信ずる。

寄稿
日本工営（株）
キングストン首都圏上水道整備
事業　所長代理（当時）、
現コンサルタント海外事業本部
上下水道部　シニア・エンジニア
田辺　勲

推進工法による下水幹線管渠（かんきょ）の埋設工事

海中放流管の接合作業

ペルイーベ市に新設された下水処理場
同様の施設がバイシャーダ・サンチスタの9カ所に建設された

俠雑物除去装置

下水処理場の
エアレーション（曝気（ばっき））前の流入設備

日本にゆかりのある地域の
上下水道を整備し、生活環境を改善

経済成長と観光開発

ブラジル国のサンパウロ州は人口3,700万人と全人口の22%が居住し、年間GDPは約4,000億レアル（約15兆円）で同国全体のGDPの33%に達していた（2001年）。いずれも群を抜いて同国最大の規模であり、州都サンパウロは国家経済の中心地となっている。

同州のサントス市を中心とする9市で構成される大西洋沿岸部はバイシャーダ・サンチスタと呼ばれ、同州の中でも経済成長が最も著しい地域である。この地域には

ブラジル最大の貿易港サントス港があり、同国有数の工業地帯やサントス沖のプレソルト層下油田などもある。こうした拠点の開発による経済発展でバイシャーダ・サンチスタの人口は近年著しく増加していた。

一方、この地域には総延長162kmの海岸線に82のビーチがあり、行楽地として開発されてきた。サンパウロ市とこの地域を結ぶ自動車道の整備によって観光客が押し寄せるようになっていた。こうした工業活動や人口増加の結果、この地域の海岸部および河川

の水質汚染が急速に進行し、水需要の急増と相まって、上下水道施設の整備が急務となっていた。

長期的な友好関係の礎として

本円借款事業では、バイシャーダ・サンチスタの9市において、安定的な下水道サービスの提供と生活環境の改善、自然環境保全を目的として、下水処理場、海中放流管、下水道幹線管渠、ポンプ場などの下水道施設の建設が主に行われた（別表参照）。浄水場・ポンプ場の建設、導水管・配水管の敷設などの上水道整備も同時に行わ

海中放流管の敷設工事

下水処理監視制御システムの
モニター

サントス下水処理場の施工風景

微生物の活動を活発にして下水を浄化する
エアレーションタンク（曝気槽）

ブラジル
サンパウロ州沿岸部衛生改善事業

コンサルティング：中央開発（株）

れ、2011年にはすべての施設の運転が開始されている。プロジェクトの事後評価では、家庭内の衛生状態だけでなく生活全般が改善されたとして受益者から高い評価が示された。本事業の実施機関、サンパウロ州上下水道公社（サントス支所）には、本事業を詳しく紹介する展示コーナーが設置され、積極的に広報されている。

また、本事業は、ブラジルの経済成長のアキレス腱ともいえる環境汚染に対して下水道・下水処理施設などの整備の支援を行うことで、日本がブラジルとの戦略パートナーシップを築く上でも重要な協力となっている。

サントス港は、1908年にブラジルへの日本人移住者を乗せた第1回移民船「笠戸丸」が到着したところであり、この地域には、戦前から日系人のコミュニティも存在し、伝統的に日本との結びつきが強い。サントス市の海浜公園には、日本移民ブラジル上陸記念碑やブラジルに帰化した著名な造形作家の大竹富江さんが制作した日本移民百周年の赤い記念モニュメントが立っている。

事業の内容

下水道事業（全域）
下水処理場：8市9施設
下水処理能力総計：8,321ℓ／秒
下水幹線管渠：132km
ポンプ場：101基
下水収集管網：1,035km
下水管接続：10万戸
海中放流管：4.5km

上水道事業
浄水場：1ヵ所
浄水場処理能力：1,600ℓ／秒
導水管：2km
配水管：64km
ポンプ場：3基
給水タンク：20,000㎥

寄稿：中央開発（株）

海外事業部　部長　　山口 達朗

グサール市の下水道配管の河床埋設工事

ゴブスタン市竣工式典における駐アゼルバイジャン
香取照幸特命全権大使（2017年11月）

ハチマズ市の下水本管敷設工事

ナフタラン市で建設中の
下水処理場（3000m³/日）

グサール市の橋梁部での推進工事

グサール市の導水管敷設工事

ゴブスタン市の逆浸透膜処理場
（3800m³/日）

経済の活性化をもたらす上下水道の整備

アゼルバイジャン
地方都市上下水道整備計画

コンサルティング：（株）ＴＥＣインターナショナル

　アゼルバイジャン共和国は、原油の輸出により1990年代後半には10％を超える高い経済成長率を維持し、首都バクーは大いに発展した。一方で、地方都市では経済発展が停滞し、1950年代から70年代に建設された水道施設は老朽化や自然災害など により機能が低下し、給水サービスの質と量の著しい悪化をもたらしていた。地方都市における上下水道セクターの改善は国家の最優先課題の一つになっていた。

　本事業は2011年より開始され、グサール、ハチマズ、ヒジ、ゴブスタン、ナフタランの地方5都市で上下水道施設の整備が実施されている。2030年の計画給水人口12万6,485人の水需要量である29,642m³/日の安全な水の供給が本事業によって可能となる。また新たに整備される下水道配管および下水処理場により生活環境が改善されるとともに、停滞していた地方経済の活性化にもつながるものと期待される。さらに、全顧客に水道メータを設置することによって水道料金が適切に徴収され、事業運営の持続性が高まる。

　18年までに、対象5都市の取水施設（伏流水、湧水、地下水）、浄水場（逆浸透膜、3,800m³/日）、上水道配管（479.8km）、水道メータ（21,588個）、下水道配管（360.8km）が完成し、19年7月現在、下水処理場（5処理場、合計26,850m³/日）の建設が進められている。このうち、ゴブスタン市では水源に含まれる硫化物およびホウ素を除去するために日本製の逆浸透膜を採用した浄水場が建設された。また、現在建設中の下水処理場では、長時間曝気活性汚泥処理法が採用されており、環境水質基準を満たした処理水が放流される。

サンドポケット全景

設計時の現地調査状況

プティ川の放水路

2010年の噴火後、プティ川付近の国道を埋め尽くした土石流

サンドポケットから望むメラピ山

砂防堰堤と導流提からなるサンドポケット

平常時には橋として活用される砂防堰堤

活火山のもたらす火砕流と土石流を防ぐ

インドネシア
メラピ山緊急防災事業（Ⅱ）

コンサルティング：八千代エンジニヤリング（株）

　メラピ山は、インドネシア国ジャワ島のジョグジャカルタ特別州と中部ジャワ州の境界に位置する活火山である。山麓にはジョグジャカルタ市街地の他、世界遺産のボロブドゥール遺跡やプランバナン遺跡が存在する。

　これまでこのメラピ山では、おおむね10年に一度大規模噴火が発生し、山麓地域に土砂災害をもたらしてきた。そのため、1969年の噴火を契機として火山防災事業が開始され、同国の国家予算や3期にわたる日本からの円借款によって、約250基の砂防設備が建設されてきた。

　しかし、2010年にメラピ山は過去最大規模の大噴火を起こし、なかでも同年11月5日の噴火で発生した火砕流は、南東斜面のゲンドール川に沿って山頂から約15kmの地点まで流下し、河道を埋め尽くすとともに、多くの犠牲者をもたらした。また、南西斜面に位置するプティ川では、上流の山麓斜面に堆積した大量の火山灰が豪雨のたびに土石流となって氾濫し、頻繁に国道を寸断するようになった。

　こうした状況に対処するため、2014年2月から本円借款事業が開始され、①火砕流によって河道が埋没し、土石流災害リスクが高まったゲンドール川の中流域における、土石流を導流・貯留するためのサンドポケット（容量：約60万m^3）の建設、②プティ川と国道とが交差する箇所で土石流が氾濫しないようにするための放水路（延長2.7km）の建設、③2010年の噴火による地形変化を反映させた既存の砂防施設配置計画の見直し、の3点が実施された。それに加えて、2019年7月現在、将来の噴火への備えをさらに加速させるため、砂防設備4基の新設と既存設備6基の改修を行う追加工事を実施している。

医学部系学部棟全景

大学病院ロビー

大学病院全景

手術室

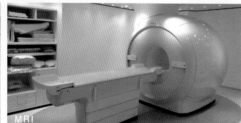

MRI

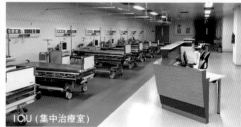

ICU（集中治療室）

医学教育の指導的な役割を担う大学の
新キャンパスに医学部と付属病院を建設

付属病院を伴う医学部の建設

インドネシア大学は、ジャカルタ市内から郊外の新キャンパスへの移転を1987年から開始していたが、旧キャンパスに隣接するチプト・マングクスモ病院を教育病院としていた医学部・歯学部は、新キャンパス地域には医学生を教育できる病院が無く、旧キャンパスに留まっていた。インドネシアでは、通常、大学の医学部は付属病院を併設していないのである。ところが、同病院が高度・専門医療にその機能を集中する方針に変更したため、教育病院としての機能を失い、医学生は一般公共病院での臨床研修を行っていた。

一方インドネシア政府は、国家高等教育中期開発計画（2000年-2009年）において医学教育や医学研究の質・量の増強を策定していたが、インドネシア大学の医学分野における指導的地位に鑑み、新政策の一環として、新キャンパスに同大学の医学部を付属病院とともに建設することとした。それが本プロジェクトである。

日本・インドネシア両国政府間で2008年に締結された円借款契約の下、ユニコインターナショナル、日本設計、PT.チャクラマンギリンガンの3社コンソーシアムがインドネシア大学とコンサルティング契約を締結した。事業スコープは、プロジェクト管理、基本設計・工事管理、病院設立・管理マニュアル指導、病院管理・看護研修などハードとソフトの両面を含み、病院建設後の円滑な業務開始を目指すものとした。当初計画では学部毎の建屋建設であったが、共有可能な施設を統合して5学部の共有利用が可能な建屋へ設計段階で変更することとなった。

資機材調達と建設工事に関しては、①病院建設、②学部棟建設、③病院資機材調達、④教育資機材

プロジェクトメンバーの本邦研修修了式にて

本邦医療器材メーカー訪問

日本の大学病院視察

本邦研修風景

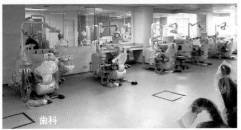

歯科

大学病院検査室

大学病院検査室

インドネシア
インドネシア大学整備事業

コンサルティング：ユニコ インターナショナル(株)	(株)日本設計、他
機 材 調 達：オガワ精機(株)、他	

調達、⑤IT資機材調達の5パッケージに分割して、国際競争入札で実施した。

そして、③病院資機材調達（2016年-2018年）と④教育用資機材調達（2012年-2014年）は本邦企業のオガワ精機が行い、②学部棟建設（2011年-2013年）、①病院建設（2013年-2018年）、⑤IT資機材調達（2017年-2018年）のパッケージはそれぞれ現地の建設業者及び機材商社が遂行した。

日本の大学も運営を支援

病院管理・運営等に関しては、日本の大学の医学部教授陣が現地に赴いて指導を行い、また、複数回に分けてインドネシア大学のスタッフが日本の大学医学部を訪問して意見交換を行った。実働業務の研修は、インドネシア大学内の他学部並びにローカルクリニックや病院の助勢を仰ぎ実施した。

医学教育の拠点として

完成した病院棟は、インドネシア初の免震構造建造物である。病院規模は、延べ床面積約7.1万平方メートル（地下1階、地上14階、病棟5-14階）、450床のベッドを許容する建屋（300床敷設）とし、900床に拡張可能な設計とした。

医学部棟は、5学部共有ビル構造（4-8階の機能別6棟）で延べ床面積約5.7万平方メートルである。

本プロジェクトでは、学部棟は2014年から使用を開始し、2018年末には付属病院も開院となった。今後、インドネシア大学の医学部と付属病院が、さまざまな改善・改良を進めながら、同国の医学教育の主導役となり、医療技術の充実と発展に寄与していくものと期待する。

寄稿
ユニコインターナショナル(株)
常務取締役　　　佐藤　俊治

2010～2019年度　円借款承諾案件一覧

[注]合計値のうち、国名欄に(※)印のある案件は、件数には承諾済L/Aの増額変更分を含まず、承諾額には増額変更分を含む。

国名	案件名	L/A調印日 またはアメンド日	承諾額または 増額アメンド額 （億円）
インドネシア	ジャワ・スマトラ連系送電線事業(I)	2010-04-30	369.94
インドネシア	気候変動対策プログラム・ローン(III)	2010-06-23	271.95
インドネシア	開発政策借款(VII)	2010-12-10	83.91
インドネシア	インフラ改革セクター開発プログラム(III)	2011-03-11	82.91
インドネシア	ルムットバライ地熱発電事業	2011-03-29	269.66
タイ	ノンタブリ1道路チャオプラヤ川橋梁建設事業	2010-09-28	73.07
タイ	バンコク大量輸送網整備事業(パープルライン)(II)	2010-09-28	166.39
フィリピン	台風オンドイ・ペペン後緊急インフラ復旧事業	2010-05-26	99.12
フィリピン	道路改良・保全事業	2011-03-31	408.47
ベトナム	サイゴン東西ハイウェイ建設事業(V)	2010-05-27	140.61
ベトナム	ホーチミン市水環境改善事業(III)	2010-05-27	43.27
ベトナム	気候変動対策支援プログラム(I)	2010-06-18	100.00
ベトナム	ニャッタン橋(日越友好橋)建設事業(II)	2011-01-24	248.28
ベトナム	ギソン火力発電所建設事業(II)	2011-01-24	298.52
ベトナム	第9次貧困削減支援借款	2011-01-24	35.00
モンゴル	中小企業育成・環境保全ツーステップローン事業(II)	2010-11-19	50.00
インド	貨物専用鉄道建設事業(フェーズ2)	2010-07-26	16.16
インド	ヒマーチャル・プラデシュ州作物多様化推進事業	2011-02-17	50.01
インド	タミル・ナドゥ州生物多様性保全・植林事業	2011-02-17	88.29
インド	ヤムナ川流域諸都市下水等整備事業(III)	2011-02-17	325.71
スリランカ	大コロンボ圏都市交通整備事業フェーズ2(II)	2011-03-22	316.88
スリランカ	ワウニア・キリノッチ送電線修復事業(II)	2011-03-22	14.22
パキスタン	緊急輸入支援融資(洪水災害対策)	2011-01-21	50.00
パキスタン	ハイバル・パフトゥンハー州緊急農村道路復興事業(洪水災害対策)	2011-02-22	147.00
ウズベキスタン	タリマルジャン火力発電所増設事業	2010-05-01	274.23
カザフスタン	CAREC物流回廊(ジャンブル州)整備事業	2010-08-23	63.61
パラグアイ	地方道路整備事業	2010-09-09	48.22
ブラジル	ビリングス湖流域環境改善事業	2010-10-14	62.08
ブラジル	サンパウロ州沿岸部衛生改善事業(II)	2011-02-15	191.69
ウガンダ	ナイル架橋建設事業	2010-11-01	91.98
カメルーン	送配電網強化・拡充事業	2011-03-04	29.39
ケニア	ムエア灌漑開発事業	2010-08-16	131.78
ケニア	オルカリアーレソスーキスム送電線建設事業	2010-12-10	124.10
タンザニア	道路セクター支援事業	2010-05-31	71.19
タンザニア	イリンガーシニャンガ基幹送電線強化事業	2010-12-13	60.48
モーリシャス	グラン・ベ地域下水処理施設整備事業	2010-07-08	70.12
トルコ(※)	ボスポラス海峡横断地下鉄整備事業(II)	2010-11-22	420.78
調印年度2010年　計（承諾件数　36件）			**5,389.02**
カンボジア	トンレサップ西部流域灌漑施設改修事業	2011-08-23	42.69
カンボジア	シェムリアップ上水道拡張事業	2012-03-29	71.61
フィリピン	森林管理事業	2012-03-30	92.44
フィリピン	中部ルソン接続高速道路建設事業	2012-03-30	227.96
フィリピン	幹線道路バイパス建設事業(II)	2012-03-30	45.91
フィリピン	ミンダナオ持続的農地改革・農業開発事業	2012-03-30	60.63
フィリピン	パッシグーマリキナ川河川改修事業	2012-03-30	118.36
フィリピン	洪水リスク管理事業(カガヤン川、タゴロアン川、イムス川)	2012-03-30	75.46
フィリピン	灌漑セクター改修・改善事業	2012-03-30	61.87
ベトナム	南北高速道路建設事業(ホーチミン-ゾーザイ間)(II)	2011-06-15	250.34

国名	案件名	L/A調印日 またはアメンド日	承諾額または 増額アメンド額 （億円）
ベトナム	南北高速道路建設事業(ダナンークアンガイ間)	2011-06-15	159.12
ベトナム	ラックフェン国際港建設事業(港湾)(I)	2011-11-02	119.24
ベトナム	ラックフェン国際港建設事業(道路・橋梁)(I)	2011-11-02	90.71
ベトナム	ギソン火力発電所建設事業(III)	2011-11-02	403.30
ベトナム	衛星情報の活用による災害・気候変動対策事業(I)	2011-11-02	72.27
ベトナム	南北高速道路建設事業(ベンルックーロンタイン間)(I)	2011-11-02	140.93
ベトナム	気候変動対策支援プログラム(II)	2011-11-02	100.00
ベトナム	南部ビンズオン省水環境改善事業(フェーズ2)	2012-03-30	199.61
ベトナム	地方病院医療開発事業(II)	2012-03-30	86.93
ベトナム	国道3号線道路ネットワーク整備事業(II)	2012-03-30	164.86
ベトナム	ノイバイ国際空港第二旅客ターミナルビル建設事業	2012-03-30	205.84
ベトナム	ホーチミン市都市鉄道建設事業(ベンタインースオイティエン間)(1号線)(II)	2012-03-30	443.02
ベトナム	ホアラック科学技術都市振興事業(I)	2012-03-30	152.18
ベトナム	保全林造林・持続的管理事業	2012-03-30	77.03
ベトナム	第10次貧困削減支援借款	2012-03-30	35.00
マレーシア	マレーシア日本国際工科院整備事業	2011-12-27	66.97
ラオス	南部地域電力系統整備事業	2012-03-20	41.73
東ティモール	国道1号線整備事業	2012-03-19	52.78
モンゴル	社会セクター支援プログラム(II)	2012-03-12	15.50
インド	アンドラ・プラデシュ州及びテランガナ州農村部高圧配電網整備事業	2011-06-16	185.90
インド	マディヤ・プラデシュ州送電網整備事業	2011-06-16	184.75
インド	中小零細企業・省エネ支援事業(フェーズ2)	2011-06-16	300.00
インド	新・再生可能エネルギー支援事業	2011-06-16	300.00
インド	バンガロール・メトロ建設事業(II)	2011-06-16	198.32
インド	ラジャスタン州植林・生物多様性保全事業(フェーズ2)	2011-06-16	157.49
インド	デリー高速輸送システム建設事業フェーズ3	2012-03-29	1,279.17
インド	西ベンガル州森林・生物多様性保全事業	2012-03-29	63.71
スリランカ	緊急災害復旧支援事業	2011-09-29	70.00
スリランカ	バンダラナイケ国際空港改善事業フェーズ2	2012-03-28	289.69
スリランカ	地方基礎社会サービス改善事業	2012-03-28	39.35
スリランカ	ハバラナ・ヴェヤンゴダ送電線建設事業	2012-03-28	95.73
パキスタン	ポリオ撲滅事業	2011-08-15	49.93
バングラデシュ	パドマ多目的橋建設事業	2011-05-18	342.00
バングラデシュ	クルナ水供給事業	2011-05-18	157.29
バングラデシュ	中小企業振興金融セクター事業	2011-05-18	50.00
バングラデシュ	母子保健改善事業(保健・人口・栄養セクター開発プログラム)(フェーズ1)	2012-01-25	50.40
ブータン	地方電化事業(フェーズ2)	2011-06-23	21.87
ウズベキスタン	カルシーテルメズ鉄道電化事業	2012-02-27	180.67
ブラジル	サンパウロ州無収水対策事業	2012-02-23	335.84
ペルー	地方アマゾン給水・衛生事業	2012-03-13	32.10
ペルー	山岳地域小中規模灌漑整備事業	2012-03-30	44.06
エジプト	カイロ地下鉄四号線第一期整備事業	2012-03-19	327.17
チュニジア	ガベス～メドニン間マグレブ横断道路整備事業	2012-02-17	150.84
チュニジア	地方都市給水網整備事業	2012-02-17	60.94
モロッコ	フェズ・メクネス地域上水道整備事業	2011-07-29	174.40
モロッコ	地方道路整備事業(II)	2011-07-29	59.81
カーボベルデ	送配電システム整備事業	2012-03-30	61.86
タンザニア	第8次貧困削減支援借款	2011-05-19	15.00
セルビア	ニコラ・テスラ火力発電所排煙脱硫装置建設事業	2011-11-24	282.52
トルコ	チョルフ川流域保全事業	2011-06-22	42.25
トルコ	地方自治体下水道整備事業	2011-06-22	127.84

国名	案件名	L/A調印日またはアメンド日	承諾額または増額アメンド額（億円）
アフリカ開発銀行	アフリカの民間セクター開発のための共同イニシアティブの下での民間セクター支援融資（III）	2011-10-17	84.40
調印年度2011年　計（承諾件数　62件）			9,489.59
インドネシア	開発政策借款（VIII）	2013-01-23	154.90
インドネシア	チタルム川上流支川流域洪水対策セクターローン	2013-03-28	33.11
インドネシア	地熱開発促進プログラム（トゥレフ地熱発電事業（E/S）	2013-03-28	51.04
インドネシア	インドラマユ石炭火力発電事業（E/S）	2013-03-28	17.27
フィリピン	開発政策支援借款（投資環境整備）	2012-10-10	77.75
フィリピン	マニラ首都圏大量旅客輸送システム拡張事業	2013-03-27	432.52
フィリピン	新ボホール空港建設及び持続可能型環境保全事業	2013-03-27	107.82
ベトナム	ノイバイ国際空港・ニャッタン橋間連絡道路建設事業（II）	2013-03-22	115.37
ベトナム	カイメップ・チーバイ国際港開発事業（II）	2013-03-22	89.42
ベトナム	南北鉄道橋梁安全性向上事業（III）	2013-03-22	137.90
ベトナム	ハノイ都市鉄道建設事業（1号線）フェーズI（ゴックホイ車両基地）（I）	2013-03-22	165.88
ベトナム	ゲアン省北部灌漑システム改善事業	2013-03-22	191.22
ベトナム	ハノイ市エンサ下水道整備事業（I）	2013-03-22	284.17
ベトナム	第2期国道・省道橋梁改修事業	2013-03-22	247.71
ベトナム	ニャッタン橋（日越友好橋）建設事業（III）	2013-03-22	156.37
ベトナム	オモン火力発電所2号機建設事業（II）	2013-03-22	62.21
ベトナム	気候変動対策支援プログラム（III）	2013-03-22	150.00
ベトナム	第1次経済運営・競争力強化借款	2013-03-22	150.00
ミャンマー	社会経済開発支援借款	2013-01-15	1,988.81
インド	タミル・ナド州送電網整備事業	2012-09-28	607.40
インド	ラジャスタン州地方給水・フッ素症対策事業	2012-09-28	375.98
インド	デリー上水道改善事業	2012-10-29	289.75
インド	ビハール州国道整備事業	2013-02-22	229.03
インド	貨物専用鉄道建設事業（フェーズ2）（II）	2013-03-28	1,361.19
インド	チェンナイ地下鉄建設事業（III）	2013-03-28	486.91
インド	西ベンガル州上水道整備事業	2013-03-28	142.25
スリランカ	大コロンボ圏送配電損失率改善事業	2013-03-14	159.41
スリランカ	国道主要橋梁建設事業	2013-03-14	123.81
スリランカ	国道土砂災害対策事業	2013-03-14	76.19
スリランカ	アヌラダプラ県北部上水道整備事業フェーズ1	2013-03-14	51.66
ネパール	タナフ水力発電事業	2013-03-13	151.37
バングラデシュ	ダッカ都市交通整備事業（I）	2013-02-20	104.77
バングラデシュ	全国送電網整備事業	2013-02-20	187.36
バングラデシュ	ベラマラ・コンバインドサイクル火力発電所建設事業	2013-02-20	414.80
バングラデシュ	カチプール・メグナ・グムティ第2橋建設及び既存橋改修事業（I）	2013-03-10	289.45
バングラデシュ	カルナフリ上水道整備事業（フェーズ2）	2013-03-10	348.47
バングラデシュ	バングラデシュ北部総合開発事業	2013-03-10	205.56
バングラデシュ	再生可能エネルギー開発事業	2013-03-10	113.35
バヌアツ	ポートビラ港ラペタシ国際多目的埠頭整備事業	2012-06-13	49.45
グアテマラ	和平地域道路整備事業（II）	2012-11-06	99.39
ブラジル	ベレン都市幹線バスシステム事業	2012-09-04	164.11
ペルー	エネルギー効率化インフラ支援プログラム	2012-10-12	87.70
ペルー	固形廃棄物処理事業	2012-10-12	43.96
ペルー	リマ首都圏北部上下水道最適化事業（II）	2013-01-09	50.78
ペルー	アマゾナス州地域開発事業	2013-01-09	29.05
イラク	保健セクター復興事業	2012-10-14	102.45
イラク	主要都市通信網整備事業	2012-10-14	116.74
イラク	ベイジ製油所改良事業（E/S）	2012-10-14	26.76
イラク	バスラ製油所改良事業（I）	2012-10-14	424.35
モロッコ	下水道整備事業（III）	2013-03-26	107.90
ヨルダン	人材育成・社会インフラ改善事業	2012-08-14	122.34
ケニア	モンバサ港周辺道路開発事業	2012-06-02	276.91
ザンビア	カズングラ橋建設事業	2012-10-12	28.77
ボツワナ	カズングラ橋建設事業	2012-10-12	87.35

国名	案件名	L/A調印日またはアメンド日	承諾額または増額アメンド額（億円）
モザンビーク	ナカラ港開発事業（I）	2013-03-07	78.89
調印年度2012年　計（承諾件数　55件）			12,229.08
インドネシア	連結性強化開発政策借款	2013-12-02	198.48
インドネシア	ジャワ南線複線化事業（IV）	2014-02-24	168.75
インドネシア	ジャカルタ首都圏鉄道輸送能力増強事業（I）	2014-02-24	163.22
インドネシア	貧困削減地方インフラ開発事業（II）	2014-02-24	100.29
インドネシア	ジャカルタ特別州下水道整備事業（E/S）	2014-02-24	19.68
インドネシア	メラピ山緊急防災事業（II）	2014-02-24	51.11
インドネシア	ウォノギリ多目的ダム・貯水池堆砂対策事業（II）	2014-02-24	49.54
インドネシア	高等人材開発事業（IV）	2014-02-24	70.75
カンボジア	国道5号線改修事業（バッタンバン−シソポン間）	2013-05-16	88.52
フィリピン	フィリピン沿岸警備隊海上安全対応能力強化事業	2013-12-14	187.32
フィリピン	災害復旧スタンドバイ借款	2014-03-19	500.00
ベトナム	ハノイ市環状3号線整備事業（マイジック−タンロン南間）	2013-12-24	205.91
ベトナム	ノイバイ国際空港第二旅客ターミナルビル建設事業（III）	2013-12-24	260.62
ベトナム	ダニム水力発電所増設事業	2014-02-28	75.15
ベトナム	気候変動対策支援プログラム（IV）	2014-03-06	100.00
ベトナム	第2次経済運営・競争力強化借款	2014-03-06	150.00
ベトナム	南北高速道路建設事業（ダナン−クアンガイ間）（II）	2014-03-18	300.08
ベトナム	南北高速道路建設事業（ホーチミン−ゾーザイ間）（III）	2014-03-18	184.59
ベトナム	ラックフェン国際港建設事業（港湾）（II）	2014-03-18	210.51
ベトナム	ラックフェン国際港建設事業（道路・橋梁）（II）	2014-03-18	169.07
ミャンマー	貧困削減地方開発事業（フェーズ1）	2013-06-07	170.00
ミャンマー	インフラ緊急復旧改善事業（フェーズ1）	2013-06-07	140.52
ミャンマー	ティラワ地区インフラ開発事業（フェーズ1）	2013-06-07	200.00
ラオス	ナムグム第一水力発電所拡張事業	2013-06-21	55.45
ラオス	第9次貧困削減支援オペレーション	2014-01-10	5.00
ラオス	ビエンチャン国際空港ターミナル拡張事業	2014-01-10	90.17
モンゴル	ウランバートル第4火力発電所効率化事業	2013-11-15	42.01
モンゴル	工学系高等教育支援事業	2014-03-12	75.35
インド	ムンバイメトロ3号線建設事業	2013-09-17	710.00
インド	タミル・ナド州投資促進プログラム	2013-11-12	130.00
インド	インド工科大学ハイデラバード校整備事業	2014-01-28	53.32
インド	インド工科大学ハイデラバード校整備事業（フェーズ2）	2014-01-28	177.03
インド	ビハール州国道整備事業（フェーズ2）	2014-01-30	214.26
インド	デリー高速輸送システム建設事業（フェーズ3）（II）	2014-03-31	1,400.00
インド	アグラ上水道整備事業（II）	2014-03-31	162.79
インド	ハリヤナ州配電設備改善事業	2014-03-31	268.00
スリランカ	ケラニ河新橋建設事業	2014-03-28	350.20
ウズベキスタン	ナボイ火力発電所近代化事業	2013-08-22	348.77
パプアニューギニア	ラム系統送電網強化事業	2013-08-22	83.40
ニカラグア	持続可能な電化及び再生可能エネルギー促進事業	2013-10-08	14.96
ペルー	災害復旧スタンドバイ借款	2014-03-31	100.00
イラク	港湾セクター復興事業（II）	2014-02-16	391.18
チュニジア	地方都市水環境改善事業	2013-06-21	108.71
モロッコ	基礎教育セクター支援事業	2013-12-06	88.99
ヨルダン	財政強化型開発政策借款	2014-03-17	120.00
カーボベルデ	サンティアゴ島上水道システム整備事業	2013-12-20	152.92
タンザニア	第二次道路セクター支援事業	2013-04-08	76.59
タンザニア	小規模灌漑開発事業	2013-05-30	34.43
タンザニア	第10次貧困削減支援借款	2013-06-18	15.00
モザンビーク	マンディンバ・リシンガ間道路改善事業	2013-11-29	67.73
モザンビーク	マプト・ガス複合式火力発電所整備事業	2014-01-13	172.69

国名	案件名	L/A調印日 またはアメンド日	承諾額または 増額アメンド額 （億円）
トルコ（※）	ボスポラス海峡横断地下鉄整備事業（II）	2014-01-17	429.79
モルドバ	医療サービス改善事業	2013-06-27	59.26
アフリカ開発銀行	アフリカの民間セクター開発のための共同イニシアティブの下での民間セクター支援融資（IV）	2013-12-16	94.80
調印年度2013年　計（承諾件数 53件）			9,856.91
カンボジア	プノンペン南西部灌漑・排水施設改修・改良事業	2014-07-10	56.06
カンボジア	プノンペン首都圏送配電網拡張整備事業	2014-07-10	64.80
カンボジア	国道5号線改修事業（プレッククダム-スレアマアム間）（I）	2014-07-10	16.99
カンボジア	国道5号線改修事業（スレアマアム-バッタンバン間及びシソポン-ポイペト間）（第一期）	2015-03-30	192.08
カンボジア	プノンペン首都圏送配電網拡張整備事業（フェーズ2）（第一期）	2015-03-30	38.16
フィリピン	メトロマニラ立体交差建設事業（VI）	2015-03-26	79.29
フィリピン	洪水リスク管理事業（カガヤン・デ・オロ川）	2015-03-26	115.76
ベトナム	タイビン火力発電所及び送電線建設事業（II）	2015-01-26	363.92
ベトナム	南北高速道路建設事業（ベンルック-ロンタイン間）（II）	2015-03-31	313.28
ベトナム	気候変動対策支援プログラム（V）	2015-03-31	150.00
ミャンマー	ヤンゴン・マンダレー鉄道整備事業フェーズI（I）	2014-09-05	200.00
ミャンマー	ヤンゴン都市圏上水整備事業	2014-09-05	236.83
ミャンマー	ティラワ地区インフラ開発事業フェーズII	2014-09-05	46.13
ミャンマー	バゴー地域西部灌漑開発事業	2014-09-05	148.70
ミャンマー	全国基幹送変電設備整備事業フェーズI	2015-03-26	246.78
ミャンマー	通信網改善事業	2015-03-26	105.00
インド	ウッタラカンド州森林資源管理事業	2014-04-11	113.90
インド	新・再生可能エネルギー支援事業（フェーズ2）	2014-09-01	300.00
インド	中小零細企業・省エネ支援事業（フェーズ3）	2014-09-01	300.00
インド	グワハティ下水道整備事業	2015-02-27	156.20
インド	レンガリ灌漑事業（フェーズ2）	2015-03-30	339.59
スリランカ	地上テレビ放送デジタル化事業	2014-09-23	137.17
パキスタン	電力セクター改革プログラム	2014-06-04	50.00
バングラデシュ	マタバリ超々臨界圧石炭火力発電事業（I）	2014-06-16	414.98
バングラデシュ	小規模農家農業生産性向上・多様化振興融資事業	2014-06-16	99.30
バングラデシュ	天然ガス効率化事業	2014-06-16	235.98
バングラデシュ	包括的中核都市行政強化事業	2014-06-16	306.90
バングラデシュ	ハオール地域洪水対策・生計向上事業	2014-06-16	152.70
ウズベキスタン	トゥラクルガン火力発電所建設事業	2014-11-10	718.39
ウズベキスタン	電力セクター能力強化事業	2015-01-27	30.00
ウズベキスタン	アムブハラ灌漑施設改修事業	2015-01-27	118.72
エルサルバドル	サンミゲル市バイパス建設事業	2014-08-20	125.95
コスタリカ	グアナカステ地熱開発セクターローン（ラス・パイラスII）	2014-08-18	168.10
ホンジュラス	カニャベラル及びリオ・リンド水力発電増強事業	2015-03-26	160.00
パラグアイ	東部輸出回廊整備事業	2014-06-24	178.97
ペルー	モケグア水力発電所整備事業	2014-11-07	69.44
ペルー	ペルー沿岸部洪水対策事業	2014-11-07	24.80
ボリビア	ラグナ・コロラダ地熱発電所建設事業（第一段階第一期）	2014-07-02	24.95
イラク	ハルサ発電所改修事業	2015-02-23	202.24
エジプト	新ダイルート堰群建設事業	2015-03-15	58.54
チュニジア	メジェルダ川洪水対策事業	2014-07-17	103.98
チュニジア	ラデス・コンバインド・サイクル発電施設建設事業	2014-07-17	380.75
カメルーン	バチェンガ・レナ間国道整備事業	2015-03-28	62.64
ケニア	モンバサ港開発事業フェーズ2	2015-03-09	321.16
タンザニア	第11次貧困削減支援借款	2014-06-16	15.00
ナイジェリア	ポリオ撲滅事業	2014-05-26	82.85
ウクライナ	経済改革開発政策借款	2014-07-17	100.00

国名	案件名	L/A調印日 またはアメンド日	承諾額または 増額アメンド額 （億円）
アフリカ開発銀行	アフリカの民間セクター開発のための共同イニシアティブの下での民間セクター支援融資（V）	2014-09-16	306.90
国際開発協会	国際開発協会第17次増資のための借款	2014-07-11	1,903.86
調印年度2014年　計（承諾件数 49件）			10,137.74
インドネシア	ジャカルタ都市高速鉄道東西線事業（E/S）（フェーズI）	2015-12-04	19.19
インドネシア	ジャカルタ都市高速鉄道事業（II）	2015-12-04	752.18
インドネシア	ジャワ・スマトラ連系送電線事業（II）	2015-12-18	629.14
インドネシア	地熱開発促進プログラム（フルライス地熱発電事業（E/S））	2015-12-18	6.57
カンボジア	国道5号線改修事業（プレッククダム・スレアマアム間）（第二期）	2016-03-31	172.98
タイ	バンコク大量輸送網整備事業（レッドライン）（II）	2015-06-12	382.03
フィリピン	マニラ首都圏主要橋梁耐震補強事業	2015-08-25	97.83
フィリピン	ダバオ市バイパス建設事業（南・中央区間）	2015-08-25	239.06
フィリピン	南北通勤鉄道事業（マロロス-ツツバン）	2015-11-27	2,419.91
ベトナム	タイビン火力発電所及び送電線建設事業（III）	2015-07-04	98.73
ベトナム	第二次送変電・配電ネットワーク整備事業	2015-07-04	297.86
ベトナム	ドンナイ省水インフラ整備事業	2015-07-04	149.10
ベトナム	ハロン市水環境改善事業（E/S）	2015-07-04	10.61
ベトナム	カントー大学強化事業	2015-07-04	104.56
ベトナム	チョーライ日越友好病院整備事業	2015-11-10	286.12
ベトナム	南北高速道路建設事業（ダナン-クアンガイ間）（III）	2016-03-31	300.00
ベトナム	ラックフェン国際港建設事業（港湾）（III）	2016-03-31	322.87
ベトナム	ラックフェン国際港建設事業（道路・橋梁）（III）	2016-03-31	228.80
ベトナム	気候変動対策支援プログラム（VI）	2016-03-31	100.00
ミャンマー	ヤンゴン配電網改善事業フェーズI	2015-06-30	61.05
ミャンマー	ティラワ地区インフラ開発事業（フェーズ1）（第二期）	2015-06-30	147.50
ミャンマー	中小企業金融強化事業	2015-06-30	50.33
ミャンマー	ヤンゴン環状鉄道改善事業	2015-10-16	248.66
ミャンマー	全国基幹送変電設備整備事業フェーズII	2015-10-16	411.15
ミャンマー	東西経済回廊整備事業	2015-10-16	338.69
ラオス	首都ビエンチャン上水道拡張事業	2016-03-23	102.71
モンゴル	新ウランバートル国際空港建設事業（II）	2015-04-16	368.50
インド（※）	デリー高速輸送システム建設事業（フェーズ3）（II）	2015-05-12	88.87
インド	オディシャ州送電網整備事業	2015-05-15	217.87
インド	プネ市ムラ・ムタ川汚染緩和事業	2016-01-13	190.64
インド	チェンナイ地下鉄建設事業（第四期）	2016-03-04	199.81
インド	アーメダバード・メトロ事業（第一期）	2016-03-04	824.34
インド	官民連携インフラ・ファイナンス促進事業	2016-03-11	500.00
インド	ジャルカンド州点滴灌漑導入による園芸強化事業	2016-03-31	46.52
インド	マディヤ・プラデシュ州送電網増強事業	2016-03-31	154.57
インド	タミル・ナド州都市保健強化事業	2016-03-31	255.37
インド	オディシャ州総合衛生改善事業（第二期）	2016-03-31	257.96
インド	貨物専用鉄道建設事業（フェーズ1）（第三期）	2016-03-31	1,036.64
スリランカ	全国送配電網整備・効率化事業	2015-08-11	249.30
スリランカ	バンダラナイケ国際空港改善事業フェーズ2（II）	2016-03-24	454.28
ネパール	緊急学校復興事業	2015-12-21	140.00
ネパール	緊急住宅復興事業	2015-12-21	120.00
パキスタン	電力セクター改革プログラム（II）	2016-02-02	50.00
バングラデシュ	ダッカ-チッタゴン基幹送電線強化事業	2015-12-13	437.69
バングラデシュ	西部バングラデシュ橋梁改良事業	2015-12-13	293.40
バングラデシュ	母子保健および保健システム改善事業	2015-12-13	175.20
バングラデシュ	都市建物安全化事業	2015-12-13	120.86

国名	案件名	L/A調印日またはアメンド日	承諾額または増額アメンド額（億円）
バングラデシュ	地方行政強化事業	2015-12-13	147.25
バングラデシュ	外国直接投資促進事業	2015-12-13	158.25
ウズベキスタン	タシケント熱併給所建設事業	2015-10-25	120.00
キルギス	国際幹線道路改善事業	2015-10-26	119.15
ジョージア	東西ハイウェイ整備事業(II)	2016-03-07	44.10
バヌアツ	ポートビラ港ラペタシ国際多目的埠頭整備事業(II)	2015-07-29	45.98
パプアニューギニア	ナザブ空港整備事業	2015-10-14	269.42
イラク	電力セクター復興事業(フェーズ2)	2015-06-29	537.71
イラク	クルド地域下水処理施設建設事業(I)	2015-06-29	344.17
イラク	財政改革開発政策借款	2016-03-31	250.00
エジプト	配電システム高度化事業	2016-02-29	247.62
エジプト	ボルグ・エル・アラブ国際空港拡張事業	2016-02-29	182.00
エジプト	ハルガダ太陽光発電事業	2016-02-29	112.14
モロッコ	緑のモロッコ計画(農業セクター改革)支援プログラム	2016-03-04	163.47
ヨルダン	財政・公的サービス改革開発政策借款	2015-05-27	240.00
アンゴラ	電力セクター改革支援プログラム	2015-08-17	236.40
ウガンダ	カンパラ立体交差建設・道路改良事業	2015-09-11	199.89
ケニア	ユニバーサル・ヘルス・カバレッジ達成のための保健セクター政策借款	2015-08-17	40.00
ケニア	オルカリアV地熱発電開発事業	2016-03-09	456.90
タンザニア	ケニアタンザニア連系送電線事業	2016-01-15	118.47
モザンビーク	ナカラ港開発事業(II)	2015-06-11	292.35
ウクライナ	ボルトニッチ下水処理場改修事業	2015-06-15	1,081.93
ウクライナ	経済改革開発政策借款(第二期)	2015-12-04	369.69
トルコ	地方自治体インフラ改善事業	2015-05-15	450.00
アフリカ開発銀行	アフリカの民間セクター開発のための共同イニシアティブの下での民間セクター支援融資(VI)	2015-09-08	358.80
調印年度2015年　計(承諾件数　71件)			20,745.14
インドネシア	ルンタン灌漑近代化事業	2017-03-30	482.37
インドネシア	コメリン灌漑事業(フェーズ3)	2017-03-30	158.96
インドネシア	バリ海岸保全事業(フェーズ2)	2017-03-30	98.55
カンボジア	国道5号線改修事業(バッタンバン-シソポン間)(第二期)	2017-03-30	111.36
タイ	バンコク大量輸送網整備事業(レッドライン)(III)	2016-09-30	1,668.60
フィリピン	フィリピン沿岸警備隊海上安全対応能力強化事業(フェーズII)	2016-10-26	164.55
フィリピン	アグリビジネス振興・平和構築・経済成長促進事業	2017-01-12	49.28
ベトナム	ホーチミン市都市鉄道建設事業(ベンタイン-スオイティエン間(1号線))(III)	2016-05-28	901.75
ベトナム	第2期ホーチミン市水環境改善事業(III)	2016-05-28	209.67
ベトナム	タイビン火力発電所及び送電線建設事業(IV)	2016-05-28	549.82
ベトナム	第3次経済運営・競争力強化借款	2017-01-16	110.00
ベトナム	気候変動対策支援プログラム(VII)	2017-01-16	100.00
ミャンマー	バゴー橋建設事業	2017-03-01	310.51
ミャンマー	貧困削減地方開発事業(フェーズ2)	2017-03-01	239.79
ミャンマー	農業・農村開発ツーステップローン事業	2017-03-01	151.35
ミャンマー	ヤンゴン都市圏上水整備事業(フェーズ2)(第一期)	2017-03-01	250.00
ミャンマー	地方主要都市配電網改善事業	2017-03-01	48.56
ミャンマー	ヤンゴン・マンダレー鉄道整備事業フェーズI(II)	2017-03-01	250.00
インド	タミル・ナド州投資促進プログラム(フェーズ2)	2017-03-31	221.45
インド	北東州道路網連結性改善事業(フェーズ1)(第一期)	2017-03-31	671.70
インド	デリー東部外環道路高度道路交通システム導入事業	2017-03-31	68.70
インド	ムンバイ湾横断道路建設事業(第一期)	2017-03-31	1,447.95
インド	ナガランド州森林管理事業	2017-03-31	62.24
インド	オディシャ州森林セクター開発事業(フェーズ2)	2017-03-31	145.12
インド	チェンナイ地下鉄建設事業(第五期)	2017-03-31	333.21
インド	ラジャスタン州水資源セクター生計向上事業(第一期)	2017-03-31	137.25
スリランカ	開発政策借款(民間セクター振興、ガバナンス向上、財政健全化)	2016-10-10	100.00

国名	案件名	L/A調印日またはアメンド日	承諾額または増額アメンド額（億円）
スリランカ	アヌラダプラ県北部上水道整備事業(フェーズ2)	2016-11-17	231.37
ネパール	ナグドゥンガ・トンネル建設事業	2016-12-22	166.36
パキスタン	ポリオ撲滅事業(フェーズ2)	2016-05-19	62.90
バングラデシュ	ダッカ都市交通整備事業(II)	2016-06-29	755.71
バングラデシュ	マタバリ超々臨界圧石炭火力発電事業(II)	2016-06-29	378.21
バングラデシュ	クロスボーダー道路網整備事業(バングラデシュ)	2016-06-29	286.98
バングラデシュ	省エネルギー推進融資事業	2016-06-29	119.88
バングラデシュ	災害リスク管理能力強化事業	2016-06-29	169.96
バングラデシュ	ジャムナ鉄道専用橋建設事業(E/S)	2016-06-29	24.64
エルサルバドル	災害復旧スタンドバイ借款	2016-05-28	50.00
パナマ	パナマ首都圏都市交通3号線整備事業(第一期)	2016-04-20	295.75
ボリビア	ラグナ・コロラダ地熱発電所建設事業(第二段階)	2017-03-24	614.85
エジプト	電力セクター復旧改善事業	2016-10-24	410.98
エジプト	大エジプト博物館建設事業(第二期)	2016-10-24	494.09
モロッコ	海洋・漁業調査船建造事業	2017-01-16	53.71
ヨルダン	金融セクター、ビジネス環境及び公的サービス改革開発政策借款	2016-12-21	300.00
エチオピア	女性起業家支援事業	2017-02-24	55.00
ガーナ	東部回廊ボルタ川橋梁建設事業	2016-12-05	112.39
コートジボワール	アビジャン港穀物バース建設事業	2017-03-30	108.69
セネガル	ユニバーサル・ヘルス・カバレッジ支援プログラム	2016-11-15	84.40
セネガル	マメル海水淡水化事業	2016-11-15	274.63
タンザニア	雇用のためのビジネス環境開発政策オペレーション	2016-04-11	60.00
マダガスカル	トアマシナ港拡張事業	2017-03-23	452.14
ルワンダ	ルスモ-カヨンザ区間道路改良事業	2016-07-13	68.89
調印年度2016年　計(承諾件数　51件)			14,674.27
インドネシア	ガジャマダ大学産学連携施設整備事業	2017-11-15	83.09
インドネシア	パティンバン港開発事業(第一期)	2017-11-15	1,189.06
カンボジア	シハヌークビル港新コンテナターミナル整備事業	2017-08-07	235.02
フィリピン	カビテ州産業地域洪水リスク管理事業	2017-11-13	159.28
フィリピン	幹線道路バイパス建設事業(III)	2018-02-28	93.99
フィリピン	マニラ首都圏地下鉄事業(フェーズ1)(第一期)	2018-03-16	1,045.30
ベトナム	ホアラック科学技術都市振興事業(II)	2017-06-06	128.65
ベトナム	ベンチェ省水管理事業	2017-07-18	242.57
ベトナム	ビエンホア市下水排水処理施設事業(第1ステージ)	2017-08-30	247.00
ミャンマー	水力発電所改修事業	2017-04-25	107.87
ミャンマー	中小企業金融強化事業(フェーズ2)	2018-03-29	149.49
ミャンマー	住宅金融拡充事業	2018-03-29	150.00
ミャンマー	農業所得向上事業	2018-03-29	304.69
ミャンマー	ヤンゴン・マンダレー鉄道整備事業フェーズII(第一期)	2018-03-29	566.22
モンゴル	財政・社会・経済改革開発政策借款	2017-12-05	320.00
インド	グジャラート州投資促進プログラム	2017-09-15	168.25
インド	貨物専用鉄道建設事業(電気機関車調達)	2017-09-15	1,084.56
インド	グジャラート州アラン及びソシヤ地区シップリサイクル環境管理改善事業	2017-09-15	85.20
インド	ムンバイ・アーメダバード間高速鉄道研修施設建設事業	2017-09-15	104.53
インド	アンドラ・プラデシュ州灌漑・生計改善事業(フェーズ2)(第一期)	2017-12-13	212.97
インド	ベンガルール上下水道整備事業(フェーズ3)(第一期)	2018-01-24	450.00
インド	北東州道路網連結性改善事業(フェーズ2)	2018-03-29	386.66
インド	チェンナイ海水淡水化施設建設事業(第一期)	2018-03-29	300.00
インド	ムンバイメトロ3号線建設事業(第二期)	2018-03-29	1,000.00
インド	ヒマーチャル・プラデシュ州森林生態系保全・生計改善事業	2018-03-29	111.36
インド	チェンナイ都市圏高度道路交通システム整備事業	2018-03-29	80.82

国名	案件名	L/A調印日またはアメンド日	承諾額または増額アメンド額（億円）
スリランカ	復興地域における地方インフラ開発事業	2017-07-07	129.57
スリランカ	カル河上水道拡張事業（第一期）	2017-07-07	318.10
パキスタン	イスラマバード・ブルハン送電網増強事業（フェーズ1）	2017-05-04	26.65
バングラデシュ	ハズラット・シャージャラール国際空港拡張事業（第一期）	2017-06-29	768.25
バングラデシュ	カチプール・メグナ・グムティ第2橋建設及び既存橋改修事業（II）	2017-06-29	527.30
バングラデシュ	ダッカ都市交通整備事業（1号線）（E/S）	2017-06-29	55.93
バングラデシュ	マタバリ超々臨界圧石炭火力発電事業（III）	2017-06-29	107.45
バングラデシュ	ダッカ地下変電所建設事業	2017-06-29	204.77
バングラデシュ	小規模水資源開発事業（フェーズ2）	2017-06-29	118.53
コスタリカ	グアナカステ地熱開発セクターローン（ボリンケンI地熱開発事業）	2017-06-20	259.91
ジャマイカ	エネルギー管理及び効率化事業	2017-11-23	17.05
ニカラグア	リオ・ブランコーシウナ間橋梁・国道整備事業	2017-10-09	49.40
イラク	ハルサ発電所改修事業（フェーズ2）	2017-08-05	215.56
イラク	財政改革開発政策借款（II）	2017-10-26	300.00
イラク	電力セクター復興事業（フェーズ3）	2017-10-26	272.20
エジプト	人材育成事業（エジプト・日本教育パートナーシップ）	2017-05-02	101.92
エジプト	エジプト・日本学校支援プログラム（エジプト・日本教育パートナーシップ）	2018-02-21	186.26
チュニジア	スファックス海水淡水化施設建設事業	2017-07-14	366.76
カメルーン	ヤウンデーブラザビル国際回廊整備事業（ミントムーレレ間）	2017-05-30	58.94
ケニア	モンバサ港周辺道路開発事業（第二期）	2017-07-04	124.66
ケニア	オルカリアI一、二及び三号機地熱発電所改修事業	2018-03-16	100.77
ブルキナファソ	グンゲンーファダングルマ間道路整備事業	2018-03-02	56.59
ルワンダ	ンゴマーラミロ区間道路改良事業	2018-03-22	76.70
アフリカ開発基金	アフリカ開発基金第14次増資のための借款	2018-02-07	736.01
アフリカ開発銀行	アフリカの民間セクター開発のための共同イニシアティブの下での民間セクター支援融資（VII）	2017-06-15	344.10
国際開発協会	国際開発協会第18次増資のための借款	2018-02-21	2,923.88
国際復興開発銀行	国際譲許的融資制度の枠組みを通じたヨルダン、レバノンその他の中東及び北アフリカ地域の中所得国支援のための借款	2018-02-21	1,000.00
調印年度2017年　計（承諾件数　53件）			**18,453.84**
インドネシア	ジャカルタ都市高速鉄道事業（フェーズ2）（第一期）	2018-10-24	700.21
カンボジア	プノンペン首都圏送電網拡張整備事業（フェーズ2）（第二期）	2018-05-28	92.16
カンボジア	トンレサップ西部流域灌漑施設改修事業（第二期）	2019-02-26	35.99
フィリピン	新ボホール空港建設及び持続可能型環境保全事業（第二期）	2018-10-08	43.76
フィリピン	首都圏鉄道3号線改修事業	2018-11-08	381.01
フィリピン	南北通勤鉄道延伸事業（第一期）	2019-01-21	1,671.99
フィリピン	パッシグ・マリキナ川河川改修事業（フェーズIV）	2019-01-21	379.05
インド	コルカタ東西地下鉄建設事業（第三期）	2018-09-28	259.03
インド	ムンバイ・アーメダバード間高速鉄道建設事業（第一期）	2018-09-28	895.47
インド	ウミアム・ウムトゥル第3水力発電所改修事業	2018-10-29	54.97
インド	デリー高速輸送システム建設事業フェーズ3（III）	2018-10-29	536.75
インド	トリプラ州持続的水源林管理事業	2018-10-29	122.87
インド	北東州道路網連結性改善事業（フェーズ3）（第一期）	2018-10-29	254.83
インド	ムンバイ・アーメダバード間高速鉄道建設事業（第二期）	2018-10-29	1,500.00
インド	トゥルガ揚水発電所建設事業（第一期）	2018-11-02	294.42
インド	チェンナイ地下鉄建設事業（フェーズ2）（第一期）	2018-12-21	755.19
インド	酪農開発事業	2018-12-21	149.78
インド	インドにおける持続可能な開発目標に向けた日印協力行動に関するプログラム	2019-01-18	150.00
インド	チェンナイ周辺環状道路建設事業（フェーズ1）	2019-01-18	400.74
スリランカ	保健医療サービス改善事業	2018-07-11	106.39
スリランカ	コロンボ都市交通システム整備事業（第一期）	2019-03-11	300.40
バングラデシュ	ジャムナ鉄道専用橋建設事業（第一期）	2018-06-14	372.17
バングラデシュ	ダッカ都市交通整備事業（5号線）（E/S）	2018-06-14	73.58
バングラデシュ	ダッカ都市交通整備事業（III）	2018-06-14	792.71
バングラデシュ	マタバリ超々臨界圧石炭火力発電事業（IV）	2018-06-14	673.11
バングラデシュ	保健サービス強化事業	2018-06-14	65.59
バングラデシュ	マタバリ港開発事業（E/S）	2018-06-14	26.55
ジョージア	東西ハイウェイ整備事業（フェーズ2）	2018-09-04	387.35
イラク	バスラ上水道整備事業（第二期）	2018-05-03	194.15
イラク	灌漑セクターローン（フェーズ2）	2018-05-03	154.65
イラク	クルド地域上水道整備事業（第二期）	2018-09-15	24.63
ヨルダン	ビジネス環境、雇用及び財政持続可能性に関する改革のための開発政策借款	2018-11-28	336.60
ウガンダ（※）	ナイル架橋建設事業	2018-04-26	49.18
ウガンダ	カンパラ首都圏送変電網整備事業	2018-04-26	136.59
コートジボワール	アビジャン三交差点建設事業	2019-01-11	161.37
調印年度2018年　計（承諾件数　34件）			**12,533.24**
インドネシア	ジャカルタ下水道整備事業（第6区）（フェーズ1）	2019-07-11	309.80
インドネシア	中部スラウェシインフラ復興セクターローン	2020-01-09	279.70
インドネシア	災害に対する強靭化促進・管理プログラム・ローン	2020-02-18	318.00
インドネシア	ジャカルタ下水道整備事業（第1区）	2020-03-31	570.61
インドネシア	洪水制御セクター・ローン（フェーズ2）	2020-03-31	72.99
カンボジア	国道5号線改修事業（プレッククダムースレアマアム間）（第三期）	2020-03-24	117.15
カンボジア	国道5号線改修事業（スレアマアムーバッタンバン間及びシソポンーポイペト間）（第二期）	2020-03-24	177.02
タイ	産業人材育成事業	2020-03-30	94.34
フィリピン	ミンダナオ紛争影響地域道路ネットワーク整備事業	2019-06-18	221.00
フィリピン	マニラ首都圏主要橋梁耐震補強事業（第二期）	2020-03-30	44.09
ミャンマー	ヤンゴン下水道整備事業	2020-01-21	459.00
ミャンマー	ヤンゴン都市開発事業	2020-01-21	240.85
ミャンマー	都市配電網整備事業	2020-01-21	122.88
ミャンマー	地方インフラ整備事業	2020-01-21	386.42
ミャンマー	ヤンゴン・マンダレー鉄道整備事業フェーズI（III）	2020-03-31	406.04
ミャンマー	ティラワ地区インフラ開発事業（フェーズ3）	2020-03-31	73.39
インド	ムンバイメトロ3号線建設事業（第三期）	2020-03-27	399.28
インド	メガラヤ州における住民参加型森林管理及び生計改善事業	2020-03-27	103.97
インド	ムンバイ湾横断道路建設事業（第二期）	2020-03-27	669.09
インド	アーメダバード・メトロ事業（第二期）	2020-03-27	139.67
インド	ナグプール市ナグ川汚染緩和事業	2020-03-27	290.82
インド	北東州道路網連結性改善事業（フェーズ4）	2020-03-27	149.26
インド	マディヤ・プラデシュ州地方給水事業	2020-03-27	554.74
インド	貨物専用鉄道事業（フェーズ1）（第四期）	2020-03-27	1,300.00
インド	グジャラート州生態系再生事業	2020-03-27	137.57
バングラデシュ	マタバリ港開発事業（第一期）	2019-05-29	388.66
バングラデシュ	ダッカ都市交通整備事業（1号線）（第一期）	2019-05-29	525.70
バングラデシュ	外国直接投資促進事業（第二期）	2019-05-29	211.47

国名	案件名	L/A調印日 またはアメンド日	承諾額または 増額アメンド額 （億円）
バングラデシュ	省エネルギー推進融資事業（フェーズ2）	2019-05-29	200.76
バングラデシュ	マタバリ超々臨界圧石炭火力発電事業（V）	2019-06-30	1,431.27
ウズベキスタン	ナボイ火力発電所近代化事業（フェーズ2）	2019-12-19	1,282.46
ウズベキスタン	園芸作物バリューチェーン強化事業	2019-12-19	230.23
ウズベキスタン	電力セクター能力強化事業（フェーズ2）	2019-12-19	366.21
フィジー	災害復旧スタンドバイ借款	2020-02-21	50.00
エクアドル	電源構成転換促進支援事業	2020-01-28	76.60
イラク	バスラ製油所改良事業（第二期）	2019-06-16	1,100.00

国名	案件名	L/A調印日 またはアメンド日	承諾額または 増額アメンド額 （億円）
エチオピア	エチオピア総合運輸プログラム（フェーズ1）におけるジンマーチダ間及びソドーサウラ間道路改良事業（ジンマーチダ間）	2020-03-30	96.55
ケニア	モンバサゲートブリッジ建設事業（第一期）	2019-12-05	478.00
ケニア	モンバサ経済特区開発事業（第一期）	2020-02-27	370.90
モザンビーク（※）	マプト・ガス複合式火力発電所整備事業	2019-08-28	47.88
ルワンダ	農業変革を通じた栄養改善のための分野別政策借款	2019-08-16	100.00
調印年度2019年　計（承諾件数　40件）			14,594.37
合　　計（承諾件数　504件）			128,103.21

カラーグラビアで見る
日本の有償資金協力 （案件一覧2010〜2019）

発 行 日　2020年8月15日
編 集 者　金城利光　朝比奈悠介　佐藤安奈
編集協力　独立行政法人 国際協力機構
発 行 人　末森 満
発 行 所　株式会社 国際開発ジャーナル社
　　　　　〒113-0034
　　　　　東京都文京区湯島2-2-6 フジヤミウラビル
　　　　　TEL 03-5615-9670
デザイン　甘楽デザイン事務所

ISBN978-4-87539-808-0　C0030　¥2500E

発 行

（株）国際開発ジャーナル社

定価　2,500円＋税

ISBN978-4-87539-808-0　C0030　￥2500E